ATAR-GULL,

MÉLODRAME EN TROIS ACTES

ET SIX TABLEAUX,

IMITÉ DU ROMAN

DE M. EUGÈNE SUE.

PAR

MM. ANICET-BOURGEOIS ET MASSON;

Musique de M. AMÉDÉE.

Représenté, pour la première fois, sur le Théâtre de l'Ambigu-
Comique, le 26 avril 1832.

————— PRIX : 2 FRANCS. —————

Paris.

AU MAGASIN DE PIÈCES DE THÉATRE,

CHEZ MARCHANT, ÉDITEUR,

BOULEVART SAINT-MARTIN, N° 12.

1832

Imprimerie de J.-M. CHAIGNIEAU, rue du
Caire, n. 4.

A MONSIEUR EUGÈNE SUE.

A vous, notre Cooper, à vous, notre excellent camarade, la dédicace de notre ouvrage. Recevez-la plutôt comme un témoignage de notre bonne amitié que comme un hommage digne de votre talent.

Vos amis tout dévoués et reconnaissans,

Anicet-Bourgeois, Masson.

Paris, 27 avril 1832.

PERSONNAGES.   ACTEURS.

THOMSON, riche planteur.   MM. Thénard.
RICHARD, jeune colon.   André.
DRICK, commandeur des esclaves de
    Thomson.   Eugène.
ATAR-GULL, esclave.   Albert.
JOB, vieil esclave, père d'Atar-Gull.   Constant.
BAGUENAUDAIS, valet-de-chambre
    de Thomson.   Francisque jeune.
BRULART, négrier.   Barbier.
CHAM, chef des nègres empoisonneurs.   Lamarre.
HUG, nègre surveillant.   Alexandre.
Le docteur VERNEUIL, médecin.   Cullier.
JENNY, fille de Thomson.   Mmes Gauthier.
CLÉMENTINE, id.   Fresson.
La mère BAGUENAUDAIS.   Lecomte.
Une Commère.   Laure.

————

Aux deux premiers actes, la scène est à la Jamaïque, au troisième, à Paris.

5

Pour la musique de ce mélodrame, s'adresser à M. Amédée, compositeur, au Théâtre de l'Ambigu-Comique.

ATAR-GULL,

ACTE PREMIER

SCENE PREMIERE.

JOB, Esclaves des deux sexes, HUG, puis DRICK le commandeur.

(Le lever du rideau présente le tableau d'une fabrique coloniale en pleine activité; des nègres font tourner la meule, d'autres vont et viennent, courbés sous le poids des charges de cannes à sucre. — Le vieux Job est assis sur un banc. — Le tintement d'une cloche se fait entendre; à ce bruit, tous les travaux s'arrêtent, les esclaves des deux sexes viennent se ranger en demi-cercle sur le devant du théâtre; ils ont chacun, à la main, une écuelle de bois. — Job, dont la marche et les mouvemens accusent une extrême vieillesse, vient se placer à l'extrémité inférieure de la ligne formée par les esclaves. Hug arrive, suivi de deux esclaves qui portent, sur leurs épaules, un bâton dans lequel est passée l'anse d'une large chaudière de cuivre.)

HUG, *aux esclaves.*

Allons, tendez vos écuelles, que je donne à chacun sa ration de maïs.

(*Il va de l'un à l'autre; arrivé à l'extrémité où se trouve Job, Hug s'arrête.*) Qu'est-ce que tu demandes, toi? vieux, Job?

JOB.

Ma part comme les autres.

HUG

Tu sais bien que depuis huit jours, Drick le commandeur t'a défendu de te présenter à la distribution.

JOB, *à part.*

On veut donc en finir avec le vieux Job... Si Atar-Gull n'était pas aux fers, il partagerait avec moi.... Bon fils!... les blancs le feront mourir aussi...

(*Pendant que Job se parle ainsi, les nègres se sont groupés en cercle et semblent aussi parler entre eux un négrillon va prendre l'écuelle de Job et l'apporte aux esclaves, qui y mettent chacun de leur portion. L'enfant revient vers Job avec l'écuelle et la présente au vieillard.*)

JOB, *à l'enfant.*

C'est pour moi?.. qui m'envoie cela? (*L'enfant montre les esclaves.*) Ah! merci, mes frères.

(*En ce moment on entend claquer le fouet du commandeur, tous les esclaves font un mouvement d'effroi, et Job dit en jetant loin de toi l'écuelle.*) Malheur à nous! voilà le commandeur.

DRICK.

Alerte! mes agneaux noirs, dépêchons-nous de dîner et de prendre du repos, ou gare aux lanières (*apercevant Job*). Ah! te voilà, vieux Job! Les travailleurs seuls ont le droit de se présenter ici. Qu'as-tu fait dans ta journée?

JOB.

Job est si vieux... il n'a plus de force... les fatigues et les coups ont usé le corps du pauvre esclave.

DRICK.

Que le pauvre esclave gagne son pain, il en aura.... s'il n'est plus bon à rien, qu'il mendie... Tu as coûté quinze cents francs au planteur Thomson, ton maître, ce n'est pas pour qu'il te nourrisse à rien faire (*désignant une meule de pierre*). Allons, rentre cette meule dans la fabrique, tu dîneras après.

JOB.

Quoi! cette lourde pierre...

DRICK, *le menaçant.*

Obéis.

JOB, *à des esclaves.*

Frères, aidez-moi à me charger.
(*Deux esclaves l'aident à placer la meule sur ses épaules. Job fait quelques pas en chancelant sous le poids qui l'accable.*)

DRICK.

Allons, marche.

JOB, *tombant avec son fardeau.*

Tue-moi là, je n'irai pas plus loin.

DRICK.

Tu vois bien, vieux Job, que tu n'es plus bon à rien... Allons, sors d'ici (*aux nègres*), et vous, allez reprendre vos travaux au bout de l'anse Corbet.
(*Les nègres sortent; au moment où Baguenaudais arrive, ils s'inclinent.*)

BAGUENAUDAIS.

Bonjour, moricauds... bonjour.

DRICK.

Eh! c'est Baguenaudais, le nouveau valet-de-chambre français de sir Thomson, notre patron.
(*Les esclaves sortent; Job a disparu.*)

SCÈNE II.

BAGUENAUDAIS, DRICK.

BAGUENAUDAIS.

Pour des êtres qui ne sont pas civilisés, je les trouve très-polis, vos nègres...

DRICK.

Par quel hasard vous voit-on aujourd'hui à la fabrique?

BAGUENAUDAIS.

Je précède en coureur sir Thomson, notre maître, qui vient ici en partie de plaisir avec mesdemoiselles Jenny et Clémentine, ses deux filles, et son gendre futur, Richard Burnett...

DRICK.

Ah! on vous emmène aux promenades, vous êtes bien heureux!

BAGUENAUDAIS.

Eh bien, oui... mais je ne suis pas encore content; ce n'était pas pour en arriver là que j'avais quitté Paris il y a deux ans. Avez-vous lu Robinson Crusoé, M. Drick?

DRICK.

Jamais.

BAGUENAUDAIS.

Alors vous ne connaissez pas l'auteur de tous mes maux. Figurez-vous que ce scélérat de Robinson a fait a fait le charme de ma jeunesse, et m'inspira la passion frénétique des voyages, le désir insurmontable de m'embarquer pour faire fortune. L'intéressante Gibecienne, c'est une autre passion frénétique. La jeune et belle Gibecienne, dis-je, née avec un cœur sensible, se trouva un jour éprise de moi; je lui offris ma main, elle me dit: Amasse-toi un magot, mon garçon, et je t'épouserai. Là-dessus je lui fis jurer fidélité, et je partis un beau matin avec un ami qui éprouvait comme moi le besoin d'amasser des richesses. Mon ami avait de l'intelligence, moi j'avais emporté la tirelire à maman. La traversée fut heureuse; mais au bout de six mois de spéculations fort ingénieuses, ma petite fortune se trouva mangée, et je restai à la Jamaïque sans argent et même sans intelligence, car la fièvre jaune avait emporté mon associé.

DRICK.

C'est alors que vous avez trouvé une place de valet-de-chambre chez notre riche planteur sir Thomson.

BAGUENAUDAIS.

Sans doute; mais il est dur de se trouver domestique quand on s'était arrangé pour être millionnaire, aussi j'économise sur mes gages pour m'acheter un nègre. Je serai toujours domestique, c'est vrai, mais il fera mon ouvrage. N'est-ce pas que c'est bien imaginé? Quand j'en serai là, vous m'aiderez à choisir dans votre magasin.

DRICK.

Je pourrai vous adresser à Brulart, celui qui fournit ordinairement des esclaves à notre habitation.

BAGUENAUDAIS.

Tiens , comme ça se trouve ; je viens de le rencontrer, il est débarqué ce matin à l'anse Nelson avec une pacotille ; il doit venir ici, parlez-lui pour moi.

DRICK.

Parbleu , le voilà justement, il vient fort à propos. J'ai à lui laver la tête , à ce fripon de négrier.

SCENE III.

LES MÊMES, BRULART.

BRULART, à la *cantonnade.*

Alte-là, mes petits namaquois... Bonjour, commandeur Drick.

DRICK.

Il faut que vous ayez un fameux front pour vous présenter ici , après nous avoir vendu des nègres qui changent de couleur dès qu'on les fait baigner.

BAGUENAUDAIS.

Bah! ils déteignent?

BRULART.

Je ne sais pas ce que vous voulez dire.

DRICK.

Parbleu ! je parle du vieux Job.

BRULART.

Que voulez-vous , il faut bien parer un peu sa marchandise.

BAGUENAUDAIS.

Farceur de négrier, on dirait qu'il vend du chasselas.

BRULART.

En revanche, ceux que j'ai là sont de rudes gaillards... je les garantis pour dix ans, à les charger comme des mulets.

DRICK.

Tenez, adressez-vous à M. Baguenaudais, vous ferez peut-être affaire avec lui.

BAGUENAUDAIS.

Ah ça, vous les garantissez bon teint... Et combien ?

BRULART.

Quinze cents francs l'un dans l'autre, et le treizième par-dessus le marché.

BAGUENAUDAIS.

Je m'arrangerais bien du treizième.

BRULART.

(à part) Fameuse pratique... (haut) J'espère, au moins, que vous ne vous ne vous plaindrez pas de celui que je vous ai livré il y a cinq mois. Vous savez, Atar-Gull ?

DRICK.

Ah! parbleu, vous m'y faites penser. Oui, c'est un bon travailleur, mais depuis hier il se repose... au cachot... (à Hug, qui paraît) Vas chercher Atar-Gull pour qu'il prenne l'air, et tu lui donneras sa ration. (Hug sort.)

BAGUENAUDAIS.

Eh bien, négrier, vous ne voulez pas vous entendre avec moi?

BRULART:

Impossible. (à Drick) Tout-à-l'heure vous me faisiez des reproches sur mes livraisons; mais si le vieux Job vous embarrasse (bas), je peux vous donner un moyen de faire retrouver à sir Thomson le prix de son esclave.

DRICK.

Vrai!

BRULART.

Vous allez me reconduire un peu, et je vous conterai ça en route.

SCENE IV.

LES MÊMES, ATAR-GULL conduit par Hug et deux esclaves qui l'attachent à un pilier, Atar-Gull s'assied sur le banc.

DRICK.

Atar-Gull...

Montrant l'écuelle de bois que Hug vient de mettre à terre.

Voilà ta ration; le maître va venir à la fabrique, il connaîtra ta conduite et ordonnera de ton sort; maintenant je suis à vous, maître Brulart.

Drick sort avec Brulart; Hug et les autres esclaves sortent aussi; Baguenaudais reste à examiner Atar-Gull qui paraît plongé dans de profondes réflexions.

SCENE V.

ATAR-GULL, BAGUENAUDAIS.

BAGUENAUDAIS à lui-même, regardant Atar-Gull.

Il me fait de la peine, ce pauvre moricaud...

ATAR-GULL sort de ses réflexions et tourne les yeux vers Baguenaudais.

Pourquoi me regardes-tu blanc?

BAGUENAUDAIS.

Tiens, parce que ça me fait plaisir, quarteron.

ATAR-GULL.

Tu as entendu le commandeur... il disait; le maître va venir, je sais ce qui m'attend... et j'y suis résigné.

BAGUENAUDAIS (à part).

Pauvre garçon, au lieu de s'en défaire, Monsieur devrait bien me le donner pour me servir.

ATAR-GULL.

Dis-mois blanc... as-tu un père?

BAGUENAUDAIS.

Je dois en avoir ou un... dans les tems... Mais j'ai maman par exemple... qu'est portière à Paris, rue Tirechappe... la maison à côté du faïencier...

ATAR-GULL.

Est-tu bon fils?

BAGUENAUDAIS.

Très-bon fils...c'était toujours moi qui balayais les escaliers à maman...

ATAR-GULL *à voix basse.*

Ecoute, alors: j'ai un père... vendu comme moi à sir Thomson... tu es le seul blanc qui sache qu'Atar-Gull est le fils du vieux Job; car, la même famille d'esclaves ne peut habiter chez le même colon... ils ne veulent pas, les cruels, que l'enfant puisse consoler son père... ils craignent que le père ne défende son fils... nous n'avons pas même le droit de souffrir ensemble.

BAGUENAUDAIS, *ému.*

Alors je n'en parlerai pas... , je le jure sur la tête de Gibecienne.

ATAR-GULL.

Job est si vieux. Il ne peut plus travailler, et l'ingratitude des blancs lui refuse une nourriture qu'il est obligé de mendier. Quand Atar-Gull est libre, il va partager en secret sa ration de maïs avec son vieux père... mais, depuis hier, je suis à la chaîne...

BAGUENAUDAIS.

J'entends... vous voulez que j'aille porter cela au vieux Job.

ATAR-GULL.

Ton Dieu te récompensera.

BAGUENAUDAIS.

Donnez, donnez. Quand il sera a moi... je lui donnerai toutes mes courses... , en attendant je vas faire sa commission. Oh! v'là quelqu'un., aye!

SCENE VI.

LES MÊMES, JOB.

ATAR-GULL.

C'est lui!

BAGUENAUDAIS.

Ah! c'est le père? Eh! bien, v'là ma commission faite. Après ça ils ont peut-être à jaser, faut pas les gêner.

ATAR-GULL.

Tu ne nous trahiras pas , tu l'as promis.

BAGUENAUDAIS.

C'est convenu, je ne sais rien , ainsi soyez tranquille ; si c'était maman ou Gibecienne vous pourriez avoir peur, mais moi , grâce au ciel, je ne suis pas bavarde. Au revoir. (Il sort.)

SCÈNE VII.

ATAR-GULL, JOB.

JOB , *après avoir regardé partout , comme s'il craignait d'être entendu.*
Enfant , il faut fuir.

ATAR-GULL.

Fuir !... et pourquoi?

JOB.

Le maître veut que je meure.

ATAR-GULL.

Toi mourir, père ?

JOB.

Aujourd'hui même , Job doit être pendu.

ATAR-GULL.

Que dis-tu , père?

JOB.

Ecoute-moi... Ce matin, menacé par Drick , notre bourreau , je m'étais réfugié dans le champ voisin. Là du moins je pouvais pleurer, Dieu seul me voyait. Tout à l'heure , une voix bien connue arrête mes sanglots et fait frissonner tout mon corps. C'était la voix de Brulart, le négrier.

ATAR-GULL.

Celui qui nous a vendu tous les deux !

JOB.

Il disait au commandeur : « Les juges de la colonie accordent deux mill francs au maître qui dénonce un de ses nègres assassin ou voleur. Ainsi donc, dénoncez Job, je vous servirai de témoin. Le vieil esclave sera pendu , et le patron ne perdra rien sur lui. »

ATAR-GULL.

Oh ! c'est affreux... Le maître ne souffrira pas...

JOB.

Ma vie ne lui est pas nécessaire , on doit lui payer mon supplice, il ne balancera pas.

ATAR-GULL, *avec fureur.*

Et ne pouvoir briser cette chaîne!.. Mais attends... je crois me rappeler.... oui, la clef du cadenas qui me retient est toujours là, près de la meule. Cherche bien , père.

ATAR-GULL.

JOB.

La voilà.

ATAR-GULL.

Bien, à présent débarrasse-moi de mes chaînes.

JOB.

Le cadenas est ouvert.

(*Le cercle de fer, qui retenait le corps d'Atar-Gull, tombe à terre.*)

ATAR-GULL *avec joie.*

Ah! je suis donc libre.

(*Il se lève et va pour s'élancer, mais il est retenu par le poignet.*)

JOB.

Partons!

ATAR-GULL.

Malheur! malheur! ce bras est attaché!

JOB.

J'entends du bruit... On vient.

ATAR-GULL.

N'importe, père, je te sauverai; hâte-toi, prends la hâche de salut.

JOB.

Que veux-tu faire?

ATAR-GULL.

Prends la hache, te dis-je, il est temps encore.

JOB *tenant la hache.*

Mais quel est ton projet, enfant?

ATAR-GULL.

Hardi, ne tremble pas... abats moi le poignet, nous partirons ensemble.

JOB.

Oh! jamais...

ATAR-GALL.

Eh bien! donne-la moi, tu verras si j'hésite.

JOB *jetant la hache loin de loin.*

Non, Job aime mieux mourir.

ATAR-GULL.

Tu nous perds.... Voilà le maître qui vient, fuis, cache-toi encore, et ce soir, quand sonnera l'heure de la prière des blancs, je te retrouverai au pied du morne aux Loups, ou ils m'auront tué.

JOB.

J'y serai.

(*Il sort par un des côtés du théâtre, tandis que Thomson, sir Richard, Clémentine, Jenny, et des esclaves portant des parasols et des éventails arrivent par le fond. Atar-Gull est retombé sur son banc, l'esclave surveillant entre avec les nègres travailleurs par le côté opposé à celui où Job est parti. A l'entrée de leur maître, tous les esclaves de la fabrique s'inclinent.*)

SCENE VIII.

ATAR-GULL, THOMSON, RICHARD, JENNY, CLÉMENTINE-HUG, ESCLAVES.

RICHARD.

Votre commandeur est un homme précieux, sir Thomson, ce que nous avons vu de la fabrique, nous annonce un état de prospérité très-satisfaisant.

THOMSON.

Je m'en réjouis doublement, sir Richard, puisqu'une partie de ma fortune doit vous revenir un jour.

RICHARD *prenant la main de Jenny.*

Ne parlons donc pas de cela... cette jolie main-là n'est-elle pas déjà un trésor.

JENNY.

Assez, sir Richard. (*Apercevant Atar-Gull*) Mais vois donc, Clémentine, ce pauvre esclave!

THOMSON, *à Atar-Gull.*

Pourquoi te punit-on?

ATAR-GULL.

Maître... un des nôtres a dénoncé hier au commandeur le sommeil d'un malheureux que la chaleur du jour accablait, j'ai frappé l'espion... et l'on m'a chargé de chaînes.

RICHARD.

C'est par humanité... il ne faut pas permettre à ces coquins-là de s'assommer entre eux.

JENNY.

Eh bien, moi, je l'approuve.... il faut punir les espions qui font battre nos pauvres noirs... aussi ton maître te pardonne, entends-tu? Qu'on lui ôte sa chaîne.

THOMSON.

Mais, ma fille, je n'ai pas dit que je pardonnais.

JENNY, *bas à Clémentine.*

Clémentine, demande à mon père la grâce du coupable... il ne te la refusera pas à toi.

THOMSON *qui vient d'entendre Jenny.*

Jalouse enfant, tu crois toujours a ma préférence pour ta sœur.

JENNY, *bien bas à son père.*

Vous ne lui feriez pas épouser sir Richard.

THOMSON.

Allons (*haut*), à ta prière, je veux bien gracier cet es-

clave ; mais que mon indulgence ne soit pas un encourage-
ment pour les autres... Le commandeur ne saurait punir in-
justement... c'est toujours moi qui condamne par sa voix...

ATAR-GULL, *à part.*

Toujours lui !!

THOMSON, *à Atar-Gull.*

Tu as ton pardon.

ATAR-GULL, *à genoux devant Jenny.*

Merci, bonne maîtresse.

RICHARD.

Ah ça, nous sommes venus ici en partie de plaisir ; nous
n'allons pas, j'espère, passer notre temps à nous appitoyer
sur le sort de ces brutaux-là.

CLÉMENTINE.

Bagnenaudais a dû veiller à ce que l'on préparât vos chevaux pour la course projetée.

JENNY.

Comment, ma sœur, tu ne nous accompagnes pas dans la
forêt ?

CLÉMENTINE.

Non. Tu sais combien j'ai peur des animaux sauvages
qu'on y rencontre ; je préfère rester ici près de mon père, qui
a besoin de prendre un peu de repos.

THOMSON.

J'en conviens... il y a loin de mon habitation à la fabrique, et le voyage m'a un peu fatigué. Allez, mes enfans,
Hug vous donnera un guide.

HUG.

Maître ! parmi nous je n'en connais pas de meilleur ni de
plus intrépide qu'Atar-Gull.

THOMSON.

En ce cas, qu'il vienne.

ATAR-GULL.

Maître... me voilà !

JENNY.

Ah ! c'est toi !... Tu vas nous suivre.

ATAR-GULL.

Partout, maîtresse... je te dois la vie.

JENNY.

Partons.

(*Tous sortent, à l'exception de Thomson, de Jenny et de
quelques esclaves.*)

SCÈNE IX.

CLÉMENTINE, THOMSON, ESCLAVES.

(*Après le départ, Thomson est venu s'asseoir sur un banc. —*

Clémentine s'assied sur un large carreau de velours que des nègres portaient. — Elle est aux pieds de son père. — Des esclaves, qui tiennent de larges éventails, les agitent doucement au-dessus de la tête du père et de la fille.)

CLÉMENTINE.

Savez-vous bien, mon bon père, que Jenny n'a pas l'air d'aimer beaucoup son futur.

THOMSON.

Ta sœur, ma Clémentine, est une étourdie qui ne sait ce qu'elle veut ; quand je lui parlai de ce mariage pour la première fois, elle ne parut pas avoir d'éloignement pour celui que je lui destinais, et depuis elle semble se faire une étude de déplaire à sir Richard. Elle ne te ressemble pas, mon enfant ; tes goûts ne changent pas ainsi.

CLÉMENTINE.

Vous avouerez, mon père, que mon Edouard est bien mieux que votre sir Richard. A la place de ma sœur, je ne me trouverais pas heureuse non plus.

THOMSON.

Tu la défends toujours.

CLÉMENTINE.

Je voudrais vous la faire aimer davantage... autant que moi.·.

THOMSON.

Clémentine ! ce reproche... est-ce bien toi qui devrais me l'adresser ?

CLÉMENTINE.

Vous avez raison, je suis une ingrate... C'est fini, je ne vous en parlerai plus, je vous le jure ; mais à force d'amitié je dédommagerai cette pauvre Jenny.

THOMSON, *l'embrassant.*

Chère enfant !

SCENE X.

LES MÊMES, DRICK, UN OFFICIER.

DRICK.

Maître, je viens vous dénoncer un de vos esclaves qui s'est rendu coupable de vol.

THOMSON, *se levant.*

De vol !... ce crime, qui se renouvelle si souvent dans les fabriques, mérite d'être puni ; il faut des exemples. La culpabilité de l'esclave est prouvée, sans doute ; prévenez les magistrats, et qu'on livre le voleur à la justice.

DRICK.

La moitié de cet ordre est déjà exécuté, les juges de l'île

ont reçu ma déposition et celle d'un autre témoin que vous connaissez, maître. Mais comme je revenais à la fabrique avec M. l'officier et quelques soldats, pour nous saisir du coupable, nous l'avons rencontré fuyant vers le morne aux Loups refuge ordinaire des nègres marrons. Arrêté dans sa course par une balle qui l'a frappé à la jambe, le vieux Job est maintenant entre nos mains; il ne manque plus qu'une autorisation signée de vous pour le conduire devant le tribunal.

CLÉMENTINE.

Mon père! il s'agit d'un vieillard.

THOMSON.

Silence!... (*tirant ses tablettes et s'adressant à l'officier*) Je vais vous remettre le pouvoir que vous me demandez (*il écrit*).

DRICK, *bas à son maître.*

C'est cinq cents livres que vous gágnes.,. Le gouverneur vous en accorde deux mille, et Job ne vous en a coûté que quinze cents.

THOMSON *qui lui a donné le permis.*

Que veux-tu dire?

DRICK, *à mi-voix.*

Brulart m'a dit que les colons se débarrassaient ainsi de leurs esclaves inutiles.

THOMSON, *à mi-voix.*

Tu l'as dénoncé par calcul. Oh! je ne tremperai pas dans une telle infamie! le vieux Job ne doit pas mourir.

DRICK, *de même.*

Voulez-vous donc déclarer que je suis un faux témoin, et me faire assassiner par vos esclaves?

THOMSON.

Mais, malheureux! tu charges ma conscience de la mort d'un homme.

DRICK.

Eh! non, maître, ce n'est qu'un nègre au gibet. (*à l'officier*) Allez, monsieur, et que justice soit faite. (*l'officier sort.*)

SCENE XI.

LES MÊMES, BAGUENAUDAIS *accourant.*

BAGUENAUDAIS.

Ah! Monsieur, ah! Mam'selle, si vous saviez!

CLÉMENTINE.

Qu'y a-t-il?

THOMSON.

Parle, parle vite.

BAGUENAUDAIS.

Excusez, je cherche ma respiration. Ah! la v'là... Tout à l'heure nous étions à nous promener dans la forêt; nos chevaux couraient ventre à terre, v'là qu'un tigre...

CLÉMENTINE.

Un tigre!

BAGUENAUDAIS.

Oui, mam'selle, deux tigres se présentent devant notre passage. A la vue des trois bêtes féroces, mam'selle Jenny pousse un cri, nos chevaux reculent, les quatre tigres s'élancent sur nous... Je n'ai pas le courage d'en voir davantage, et je me sauve en criant, car j'en avais au moins une demi-douzaine à mes trousses.

THOMSON.

Commandeur, il faut voler au secours de ma fille; appelez tous vos esclaves, partons.

CLÉMENTINE.

Oui, courez, courez... il sera peut-être trop tard.

RICHARD, *entrant avec précipitation.*

Arrêtez, ne vous effrayez pas... Hug avait raison, Atar-Gull est un bon guide.

CLÉMENTINE.

Ma sœur.

THOMSON.

Ma fille.

RICHARD.

La voilà!

SCENE XII.

LES MEMES, ATAR-GULL portant Jenny, **ESCLAVES.**

ATAR-GULL a *le bras ensanglanté, il dépose Jenny sur un banc.*

Maître, j'ai préservé ta fille; le tigre voulait du sang, je lui ai donné le mien.

JENNY *revenant à elle.*

Mon père! Clémentine! mes amis! c'est lui, lui seul qui m'a sauvée! (*Elle tend la main à Atar-Gull.*) Bon Atar-Gull.

ATAR-GULL.

Je te devais ma grâce.

JENNY *regardant toujours Atar-Gull.*

O ciel! il est blessé. (*Elle va à lui, étanche son sang avec un mouchoir et le lui met autour du bras.*)

THOMSON.

Je veux récompenser ton courage, Atar-Gull

BAGUENAUDAIS.

S'il pouvait me le donner.

THOMSON.

A compter de ce jour tu n'es plus sous la domination du commandeur, je t'attache à mon service particulier ; tu ne me quitteras plus.

BAGUENAUDAIS.

Tiens, il le prend pour lui. Le despote!

JENNY.

Entends-tu, Atar-Gull, tu resteras avec nous, toujours.

(*Le jour a baissé peu à peu depuis le commencement de cette scène.*

THOMSON.

Il se fait tard, mes enfans, nous avons encore une visite à rendre au planteur Adderson, et il serait dangereux de nous remettre en route au milieu de la nuit.

RICHARD.

C'est vrai. Les esclaves du morne aux Loups sont de hardis brigands ; mais les troupes coloniales veillent sur eux.

CLÉMENTINE.

C'est égal, mon père a raison, et si Jenny se sent assez de force, nous repartirons sur-le-champ.

THOMSON, *à Atar-Gull.*

Repose-toi, bon serviteur, je t'attends demain à mon habitation de Sant-Iago.

ATAR-GULL.

J'y serai, maître.

JENNY, *à Atar-Gull.*

Prends soin de ta blessure, entends-tu, mon père le veut et moi je t'en prie. (*Elle lui donne sa main à baiser.*) Adieu. A demain.

BAGUENAUDAIS.

C'est égal, me v'là toujours sûr d'avoir un suppléant.

(*Thomson, Richard, Clémentine, Jenny, Baguenaudais et les esclaves se mettent en marche. La nuit est venue. Les esclaves se sont inclinés sur le passage de leur maître. A peine les précédens sont-ils sortis que le Commandeur dit aux esclaves :*

LE COMMANDEUR.

Le maître est parti, entrez dans vos cases, et que demain au jour tout le monde soit à l'ouvrage. (*A Atar-Gull.*) Te voilà à peu près libre.. Allons, tant mieux, il faut bien qu'il y en ait comme ça. (*Aux nègres*) Eh! bien, ne m'a-t-on pas entendu ; rentrez, et que dans cinq minutes tout ça soit endormi. (*Les nègres rentrent d'un côté, le commandeur sort de l'autre.*

SCENE XIII.

ATAR-GULL.

Presque libre, a dit le commandeur ; oh ! je le suis 'out-
à-fait maintenant. Je ne dois plus rien à sir Thomson ; il
avait acheté ma vie, tout à l'heure je l'ai offerte pour sa fille.
Dieu, qui n'a pas voulu ma mort, m'ordonne à présent de
sauver le vieillard qui n'espère qu'en moi... Oui, père, oui,
nous fuirons ensemble ; encore quelques instans et je t'aurai
rejoint au pied du morne aux Loups. Si j'en crois mon courage, tes yeux verront encore la terre natale... Oh ! qu'il sra
beau le soleil qui éclairera notre retour... Là bas, plus de
chaînes qui écrasent, plus de fouets qui déchirent. Non, là
bas une mère m'attend, qui me baignera de ses larmes (*on
entend une cloche au loin*). Voilà l'heure de la prière des
blancs, c'est le signal ; écoutons bien.

(*Il se penche pour compter les coups de la cloche. A ce moment Cham et deux ou trois nègres marrons passent leurs têtes
à travers la palissade du fond.*)

SCENE XIV.

ATAR-GULL, CHAM, NEGRES.

CHAM, *bas.*

C'est lui, il est seul.

ATAR-GULL.

C'est bien le signal convenu... Arrière, esclaves et tyrans !
pour Atar-Gull, maintenant, mort ou liberté !

(*Il va s'élancer au dehors, il s'arrête en apercevant Cham.*)

CHAM.

Où vas-tu, Atar-Gull ?

ATAR-GULL.

Qui es-tu ?

CHAM.

Cham ! le vieux chef des noirs du morne aux Loups......,
Mais, réponds ; où vas-tu ?

ATAR-GULL, *bas.*

Chercher mon père.

CHAM.

Ton père ! tu ne sais donc pas...

ATAR-GULL.

Tu l'as vu ?

CHAM.

Il est là.

ATAR-GULL.

Comment avec vous, le vieux Job ?

CHAM.

Tiens, voilà comme les blancs te le rendent.

(Ici deux nègres entrouvrent la palissade, et laissent voir le corps de Job étendu.)

ATAR-GULL.

Que vois-je! mort! mort!

CHAM.

Tais-toi, le réveil des tyrans serait notre perte.

ATAR-GULL.

Les tigres! ils ont accompli leur abominable projet.

CHAM.

Plus bas, Atar-Gull, plus bas!

ATAR-GULL.

Vieux père! quand je donnais mon sang pour eux, ils t'envoyaient au gibet... Oh! oh! les infâmes! *(à Cham)* Ses assassins... nommez-les moi.

CHAM.

Brulart l'a dénoncé, et Thomson l'a livré.

ATAR-GULL, *avec rage:*

Ah! Job, je leur rendrai tout le mal qu'ils t'ont fait.

CHAM.

Prends ce poison, et la mort détruira leurs troupeaux, décimera leurs esclaves.

ATAR-GULL.

Non! c'est une autre vengeance que je demande, je la veux éclatante, je la veux qui se rougisse dans des flots de sang, qui brille au milieu des flammes! il me faut une vengeance d'homme libre, corps à corps, poignard contre poignard! je veux qu'elle soit une victoire, et non une lâcheté!

CHAM.

Compte sur nos bras, Atar-Gull.

ATAR-GULL.

Eh bien! écoute-moi donc. Le maître Thomson, accompagné d'une faible escorte, va traverser la vallée; qu'il vous trouve sur son passage prêts à tremper, du sang de tous les siens, la terre où nous creuserons la tombe du vieux Job.

CHAM.

Nos frères ne sont pas loin; la perte des blancs est certaine. Mais toi?

ATAR-GULL.

Je vous rejoindrai assez à temps pour achever l'œuvre que vous aurez commencée; mais avant, je veux aller voir s'il y a un cœur dans la poitrine de Brulart... Adieu, père, nous allons faire tes funérailles.

(Il s'agenouille, couvre de baisers le cadavre de Job, et sanglotte; puis il se relève tout à coup, et dit avec courage: Mar-

chons ! *Il se dirige vers le fond, emportant avec lui le corps de son père ; Cham et les esclaves marrons le suivent.* — LE RIDEAU DE MANŒUVRE TOMBE.

FIN DU PREMIER TABLEAU.

DEUXIÈME TABLEAU.

Une cour, autour de laquelle règne une palissade, porte au fond ; à gauche, l'entrée d'un corps de logis.

SCENE XV.

(Quand le rideau se relève, Cham et tous les nègres marrons, chargés de chaînes, sont couchés par terre ; Baguenaudais sort de l'habitation. On voit briller, au-dessus de la palissade du fond, les bayonnettes des sentinelles qui se croisent et veillent devant la porte.)

CHAM, NEGRES ENCHAINÉS, BAGUENAUDAIS.

BAGUENAUDAIS.

En v'là une nuit orageuse, par exemple... Nous l'avons échappé belle, sans ce régiment de troupes coloniales qui passait par hasard, je n'aurais jamais revue ma rue Tirechappe, maman, ni ma Gibecienne. Scélérats de révoltés...; mais on leur ménage un vilain quart d'heure. On a condamné tous ceux qu'on a pris, et je vais de ce pas prévenir le commandant qu'il peut se tenir prêt pour l'exécution... Ce n'est pas Atar-Gull qui aurait fait un coup pareil. (*Cham fait un mouvement*). Je crois que les v'là qui s'éveillent... Je vais bien vite faire ma commission.

(*Il sort par le fond, la porte ouverte laisse apercevoir les sentinelles.*)

CHAM *se lève sur son séant et dit aux autres esclaves.*

Amis, vous l'avez entendu, nous sommes condamnés, rien ne peut nous sauver ; préparons-nous aux tortures. Atar-Gull, plus heureux que nous, aura péri dans le combat.

(*En ce moment Atar-Gull paraît au-dessus de la palissade à droite, et se glisse dans la cour.*)

ATAR-GULL.

Non frères, me voilà.

SCENE XVI.

CHAM, NÈGRES, ATAR-GULL.

CHAM.

D'où viens-tu, Atar-Gull ?

ATAR-GULL *lui montrant son poignard.*

Regarde.

CHAM.

Du sang.

ATAR-GULL.

Cette lame toute entière s'est plongée trois fois dans la poitrine de l'infâme Brulart; mais pour arriver jusqu'à lui il m'a fallu faire de longs détours, et, revenu dans la plaine, je n'ai plus trouvé que les cadavres de mes frères, qui m'ont assez dit votre défaite.

CHAM.

Que viens-tu faire ici?

ATAR-GULL.

Partager votre sort. Il me reste encore un coup terrible à frapper, et puis après... je meurs avec vous.

CHAM.

Non, mon fils, ne fais pas mentir la bonne étoile qui te sauve. Tu es jeune, courageux, reste après nous pour punir, et rappelle-toi surtout que si la vengeance du lion est belle, celle du serpent est plus sûre. Rampe, s'il le faut, pour mieux enlacer ta victime et la frapper juste au cœur. Ton poignard n'est plus maintenant l'arme qu'il faut employer contre Thomson. Que nous fait sa mort, si sa mort est prompte et sans torture. Qu'il vive; mais pour souffrir, Atar-Gull, dévore ta haine, caresse nos bourreaux, mais pour mieux les déchirer.

ATAR-GULL.

A ce prix j'accepterais la vie, car ce serait accomplir un devoir sacré... Mon existence aurait un but... Mais on me soupçonnera d'être votre complice, ils me tueront aussi.

CHAM.

On vient, laisse-nous faire... tu vivras.

SCÈNE XVII.

LES MÊMES, BAGUENAUDAIS.

BAGUENAUDAIS.

Là! voilà ma commission faite... ils ne languiront pas.

CHAM, *à Atar-Gull.*

Misérable, oses-tu bien revenir devant nous.

BAGUENAUDAIS, *se cachant la tête dans les mains.*

Ils m'ont entendu... C'est fait de moi.

CHAM.

Infâme Atar-Gull, c'est toi qui nous a trahis.

ATAR-GULL.

Moi, que dis-tu!

BAGUENAUDAIS.

Tiens, mon domestique qui est ici.

CHAM.

Sans toi, les blancs périssaient sous nos coups. Tu nous a trahis, malédiction sur toi!

TOUS LES NÈGRES.

Oui, malédiction sur toi!

BAGUENAUDAIS, *se glissant du côté de la porte du corps de logis.*

C'est lui qui nous a sauvés; courons vite l'apprendre à M. Thomson.

(*Il entre.*)

SCENE XVIII.

LES MÊMES, hors BAGUENAUDAIS.

CHAM.

Tu le vois, il donne dans le piége... Accepte donc la vie que nous t'offrons.

ATAR-GULL.

Eh bien! frères, je l'accepte Là haut, quand nous nous retrouverons, je vous en rendrai bon compte. Oui, comme le serpent, je ramperai, j'enlacerai le maître et toute sa famille. Leur supplice, je vous le promets, sera plus long et surtout plus cruel que le vôtre.

CHAM.

Dieu reçoit tes sermens.

ATAR-GULL.

Qu'il me frappe si je suis parjure. Mais n'épargnez rien pour me justifier, accablez-moi du poids de vos chaînes, frappez-m'en, ne craignez rien. Que ce cri les ramène : mort à Atar-gull!

CHAM, *agitant ses chaînes.*

Oui, mort à Atar-Gull.

TOUS LES NÈGRES, *se levant.*

Mort au traître!

(*Ils entourent Atar-Gull, le renversent et lèvent sur lui leurs chaînes, comme pour l'écraser.*)

SCENE XIX.

LES MÊMES, THOMSON, RICHARD, BAGUENAUDAIS, plusieurs Colons, quelques Officiers, JENNY, CLÉMENTINE, Gardes qui garnissent le fond du théâtre

JENNY.

Atar-Gull... Secourez-le, il va périr.

(*Les gardes s'emparent de Cham et des nègres.*)

RICHARD.

Emmenez ces misérables.

BAGUENAUDAIS, *à part.*

Ils ont bien manqué de me l'abîmer.

CHAM, *à Atar-Gull*

Tu triomphes, toi qui a vendu tes frères... Ta trahison l'emporte; mais il y a une justice qui doit nous payer tous un jour selon nos œuvres.

THOMSON.

Atar-Gull vous a trahis?

CHAM.

Oui, pour te sauver. Nous en voulions à tes jours, nous le croyions digne de nous comprendre. Malheur à nous; nous adressant à lui, c'était nous livrer à la mort. Il a dirigé nos pas du côté des troupes, quand nous voulions t'attaquer plus tôt et nous sommes tombés dans le piége que sa fidélité pour toi nous avait tendu.

THOMSON.

Serait-il vrai.

ATAR-GULL *s'agenouillant.*

Ma vie t'appartient, maître... Je voulais la donner pour toi...

JENNY.

Quel dévouement!

THOMSON.

Si tout est prêt pour l'exécution de ces brigands. Qu'on les entraîne.

CHAM, *d'un ton prophétique.*

Le Dieu qui nous entend vengera notre supplice. Comptenous bien, Atar-Gull, autant de tortures que de victimes.

(*Les soldats entraînent Cham et les nègres. Richard montre du doigt la porte aux soldats. Clémentine a caché sa tête dans le sein de son père, Jenny semble vouloir relever Atar-Gull, qui est resté aux pieds de Thomson et qui a écouté avec recueillement les dernières paroles du vieux Cham. Baguenaudais, monté sur un banc de pierre, regarde avec plaisir les soldats qui emmènent les prisonniers.*)

TABLEAU.

FIN DU PREMIER ACTE.

ACTE II.

TROISIÈME TABLEAU.

Un jardin. — A droite, un pavillon ayant en vue du spectateur une petite fenêtre fermée par une jalousie. A gauche, un bosquet bien ombragé. Ac fond, une jolie habitation de planteur, un seul étage, toit plat, jalousies vertes, petit perron pour arriver au péristyle avec tenture de coutil.

SCENE PREMIERE.

LE COMMANDEUR, BAGUENAUDAIS.

Le Commandeur descend le perron, Baguenaudais sort du pavillon dont il vient de lever la jalousie, on aperçoit dans l'intérieur un guéridon puis, au fond une croisée ouverte donnant sur le jardin.

BAGUENAUDAIS, *tombant sur une des marches du pavillon et s'essuyant le front.*
Cré coquin ! fait-il chaud ?

LE COMMANDEUR.
Bonjour garçon.

BAGUENAUDAIS.
Salut, commandeur.

LE COMMANDEUR, *ouvrant un petit carnet.*
Qu'est-ce que tu f is là ?

BAGUENAUDAIS, *assis et baillant.*
Je travaille.

LE COMMANDEUR.
Paresseux !..

BAGUENAUDAIS.
Ma foi, commandeur, je fais ce que je peux, mais je ne m'habituerai jamais à votre diable de pays, songez donc que pour un pauvre Européen, né rue Tirechappe et élevé dans du coton, à l'ombre, votre ciel est un four de campagne, y me dessèche votre ciel, y m'ôte toute ma fraicheur.

LE COMMANDEUR, *lisant son carnet.*
C'est grand dommage.

BAGUENAUDAIS.
Quand on m'a donné Atar Gull pour suppléant, je me suis dit: Bon, il gobera le soleil, ui, et moi, avec un peu de soin, je pourrai refaire mon teint; pas du tout : Atar-Gull s'amuse à la chasse ou à la promenade avec le patron, et moi, moi je t'aime comme un véritable nègre; avec ça que j'ai peur de le devenir: depuis quelques temps je change de couleur, que ça me fait frémir. Et c'est pas étonnant, quand

4

on a à perpétui é sur la figure un soleil qui cuirait les cotelettes à la minute. Ah ça, dites donc, commandeur, si vous ne m'écoutez pas, ce n'est pas la peine que je m'échauff: comme ça à vous parler... qu'est-ce que vous regardez donc là ?

LE COMMANDEUR.

C'est le relevé des noirs de Sir Thomson. Je refaisais l'addition, c'est bien cela... trente morts depuis cinq semaines.

BAGUENAUDAIS.

Qu'est-ce que vous dites donc, commandeur ? C'est impossible !

LE COMMANDEUR.

Je crois bien, que cette mortalité nous vient du morne aux Loups, les empoisonneurs en veulent à sir Thomson, qui a fait pendre une douzaine des leurs, il y a deux mois.

BAGUENAUDAIS.

Nous l'avons échappé belle ce jour là ; sans mon suppléant Atar-Gull.... mais au fait, vous avez raison, commandeur, on pourrait bien être ça.

LE COMMANDEUR.

J'en suis sûr.

BAGUENAUDAIS.

Ah mon Dieu ! nous sommes perdus, commandeur !

LE COMMANDEUR.

Oh ! rassurez-vous, il existe un contre-poison que je vai administrer a tous mes agneaux noirs de la fabrique, si vous voulez je vous en garderai.

BAGUENAUDAIS.

Comment, si j'en veux?... une peinte le plu ôt possible, je ne va plus oser ni boire, ni manger ; en voila un pays desagréable !... Vous p rtez, commandeur !

LE COMMANDEUR.

Oui, on a besoin là bas de l'œil et du fouet du maitre: au revoir.

BAGUENAUDAIS

Ne m'oubliez pas, (*courant après lui*) ente dez-vous, commandeur, gardez m'en comme pour deux... au moins.

SCENE II.

BAGUENAUDAIS, JENNY.

Baguenaudais tout occupé du commandeur qui sort par la gauche, ne voit pas Jenny qui entre la droite ; derrière le pavillon et comme venant du jardin où elle a cueilli des fleurs

qu'elle effeuille en marchant : elle est rêveuse et suit doucement
les petites allées qui conduisent au bosquet.

BAGUENAUDAIS.

Il est déjà loin. Ah ! voilà mademoiselle... J'ai oublié de
porter dans sa chambre la surprise de M. Richard ; cette su-
perbe corbeille de fleurs... Il est galant, le colon... pourvu
qu'elle ne m'entende pas.

(Il prend une des deux corbeilles qu'il avait laissées à l'entrée du pavillon, va la mettre sur le guéridon, et ferme la jalousie; puis, prenant l'autre corbeille, il va sortir, quand
Jenny, l'ayant entendu, tourne la tête de son côté.)

JENNY.
Où vas-tu donc, avec ces belles fleurs?

BAGUENARDAIS, à part.
V'là la surprise éventée... (haut) Mademoiselle, vous ne
le direz pas... eh bien, ces fleurs que vous trouvez si belles,
c'est sir Richard qui vous les envoie.

JENNY, avec indifférence.
Ah !

BAGUENAUDAIS.
Elles seraient déjà dans votre chambre, si mon suppléant
me suppléait un peu. Vrai, vous devriez m'aider à le faire
gronder.

JENNY.
Qui donc?

BAGUENAUDAIS.
Atar-Gull !

JENNY.
Moi ! lui causer de la peine. Ah ! tu oublies ce qu'il a fait
pour moi.

BAGUENAUDAIS.
Parbleu ! ces gens-là, ça joue avec les tigres, les rhinocéros,
comme nous avec les chats et les souris ; ils ont l'habitude,
v'là tout. Après ça je rends justice à mon inférieur, pour un
esclave, ce n'est pas mal.

JENNY.
Atar-Gull n'est plus un esclave, c'est un ami.

BAGUENAUDAIS.
Ah ! par exemple, est-ce qu'on a des amis de cette cou-
leur-là? Je vous avoue que j'ai le cœur libéral, c'est vrai,
mais j'ai la peau aristocrate.

JENNY.
Ah ! tu n'as jamais osé regarder Atar-Gull en face, car tu
aurais remarqué comme par moment son regard est noble et
plein de feu ; n'as-tu donc jamais senti ton âme émue en l'é-
coutant parler de son beau pays, de sa mère qu'il ne doit

plus revoir. Tu étais là quand je lui demandai si du moins
il lui restait encore son père ; te souviens-tu comme alors
son visage prit une expression d'amertume et de douleur.
Rappelle-toi donc ce qu'il y avait d'énergie dans sa voix,
quand il me dit en levant les yeux au ciel : Maîtresse ! il
m'attend là...

CLÉMENTINE , *sur le perron.*

Jenny ! Jenny !

JENNY.

Ma sœur.

BAGUENAUDAIS, *bas à Jenny.*

Ne dites pas à mademoiselle Clémentine qu'elle a aussi une
surprise dans son pavillon ; je vas porter vos fleurs, et
puis j'écrirai à maman.

SCÈNE III.

JENNY , CLÉMENTINE.

Clémentine arrive sur le devant de la scène par une allée, et
Baguenaudais regagne l'habitation par une autre.

CLÉMENTINE , *tenant une lettre à la main.*

Oh ! tiens, embrasse-moi, Jenny. Ma bonne sœur ! je
suis bien heureuse... une lettre , une lettre de lui.

JENNY.

De lui !

CLÉMENTINE.

Oui , d'Édouard !

JENNY.

Vraiment !

CLÉMENTINE.

Elle était adressée à mon père ; mais en reconnaissant l'é-
criture, je n'ai pu résister ; j'ai voulu entrouvrir la lettre
pour saisir au moins quelques mots ; elle s'est déchirée.
Alors, oh, ma foi ! alors, j'ai commis l'indiscrétion toute entière, j'ai brisée le cachet. Oh ! ma bonne Jenny, juge de
ma joie ! Je l'ai baisé vingt fois cette lettre, car elle m'annonce le retour d'Édouard pour dans deux mois ; et son retour, tu le sais, c'est notre mariage.

JENNY.

Chère Clémentine ! oui, tu dois être heureuse ; car tu
l'aimes bien ton Edouard, n'est-ce pas ?

CLÉMENTINE.

Sans doute... que je te plains, pauvre Jenny, de n'éprou-
ver d'amour pour personne. Aimer, ah ! Jenny, c'est le bonheur !

JENNY.

Le bonheur !... oui, je le crois et je te l'envie... Mais dis-moi donc quelles émotions cet amour amène avec lui... dis-le-moi, pour que je les reconnaisse si elles venaient m'agiter à mon tour... Dis-moi, quand le souvenir de ton Edouard se présente à ton esprit, ton sein palpite doucement, n'est-ce pas? Tu aimes à être seule pour n'être plus qu'avec lui; alors tu le vois dans ta pensé·, ton cœur lui parle...

CLÉMENTINE.

C'est cela, Jenny; tu connais donc l'amour?

JENNY, *avec embarras.*

Non... je le devine.

CLÉMENTINE.

Eprouverais-tu, par hasard, quelque chose comme cela pour Richard?

JENNY.

Oh! non...

(*Ici un coup de fusil se fait entendre, Clémentine, à ce bruit, est remontée au fond pour voir d'où il vient; et Baguenaudais est sorti précipitamment de l'habitation.*)

BAGUENAUDAIS.

Ah, mon Dieu! qu'est-ce que c'est que ça?

CLÉMENTINE.

C'est mon père qui revient de la chasse avec sir Richard et Atar-Gull.

SCÈNE IV.

LES MÊMES, THOMSON, RICHARD, ATAR-GULL.

THOMSON, *à Richard.*

Je vous le répète... vous avez eu tort.

RICHARD.

Vous conviendrez, du moins, qu'il a été bien visé.

BAGUENAUDAIS, *à Atar-Gull.*

Enfin vous v'la, beau chasseur; j'espère que vous allez venir m'aider.

(*Thomson a donné son fusil à Atar-Gull, qui, à son tour, le passe à Baguenaudais.*)

BAGUENAUDAIS.

Ah ça, mais... (*Atar-Gull le regarde*) C'est bon, on y va. (*il obéit.*)

RICHARD.

Eh bien! sir Thomson, m'en voulez-vous encore?

THOMSON.

Sans doute, vous ne pouviez plus mal employer votre adresse; ces oiseaux de proie sont nos plus courageux auxiliaires contre les affreux reptiles qui désolent et infestent notre pays.

RICHARD.

Il est vrai que ce matin, quand je l'ai abattu, il achevait d'étrangler un magnifique serpent

(Clémentine, à ce mot, fait un mouvement d'effroi.)

JENNY.

Ne parlez donc pas de cela devant Clémentine, voyez comme elle pâlit.

RICHARD.

Ma chère belle-sœur future devrait pourtant s'aguerrir.

THOMSON.

Sans doute, elle n'est pas raisonnable ; on rencontre de ces animaux à chaque pas, il faut qu'elle s'habitue à les voir sans effroi, afin de conserver assez de force et de courage pour leur échapper.

CLÉMENTINE.

Mon bon père ! je vous en prie, ne parlons plus de cela, je vous promets de me corriger. Mais vous devez avoir besoin de prendre quelques rafraîchissemens, nous allons vous les faire servir sous ce bosquet.

(Atar-Gull, pendant toute cette scène, est resté assis sur une des marches du pavillon ; la tête dans ses deux mains, il semble enseveli dans ses réflexions, il n'entend pas Clémentine qui veut alors s'approcher de lui. Jenny l'arrête.)

JENNY.

Ce pauvre Atar-Gull paraît accablé de fatigue et de chaleur, laisse-lui cet instant de repos. Je vais t'aider, viens.

CLÉMENTINE.

D'ailleurs, Baguenaudais est là, il servira. Mon père, j'oubliais cette lettre pour vous... je l'ai ouverte ; mais elle était de lui. Vous ne me gronderez pas trop fort, n'est-il pas vrai ?

THOMSON.

Te gronder... tu sais bien que c'est impossible. Allons, va, mon enfant, car j'ai vraiment un appétit de chasseur.

CLÉMENTINE.

Tout de suite... Eh bien, Jenny, viens-tu ?

JENNY, *qui était rêveuse.*

Me voilà, me voilà.

(Elles remontent toutes les deux vers l'habitation.)

SCENE V.

THOMSON, RICHARD, ATAR-GULL.

THOMSON.

Eh bon Dieu ! sir Richard, comme vous voilà rêveur ! à quoi pensez-vous donc ?

RICHARD.

Je pense à guérir Clémentine de sa frayeur d'enfant. Il m'est venu une idée excellente, cela vaudra mieux que tous les conseils possibles. Atar-Gull, écoute, écrase et fait tomber la tête du serpent que nous avons laissé mort à l'entrée de l'habitation, et tu le mettras dans la caisse de fleurs que j'ai fait porter ce matin dans le pavillon de Clémentine... Comprenez-vous, sir Thomson?

THOMSON.

Sans doute... Cette épreuve peut être utile; mais assure-toi bien, Atar-Gull...

ATAR-GULL, *se levant précipitamment.*

Soyez tranquille, maître. (*A part, en sortant et avec un sourire fanatique.*) Merci, grand merci, Richard.

THOMSON, *qui a parcouru la lettre que lui a laissé Clémentine en sortant.*

Richard, cette lettre m'annonce pour dans deux mois le retour d'Édouard Nelson; dans deux mois il sera le mari de Clémentine, et vous celui de Jenny; car j'ai voulu que les nôces de mes deux filles se fissent le même jour.

RICHARD.

Aussi désirais-je ardemment le retour de sir Édouard.

TPOMSON.

Tant mieux. Vous savez, sir Richard, que votre mariage est pour moi un engagement d'honneur. Votre père fut mon associé, il m'avait laissé une somme considérable, dont je vous devais rendre compte. Désireux de vous voir unir à ma famille, en mourant il m'a tenu quitte de cette dette, si je consentais à vous donner une de mes filles. J'accomplirai ce dernier vœu de mon ami, et au don de la main de Jenny, j'ajouterai la restitution de la moitié de la somme qu'il m'avait abandonnée. Je voudrais pouvoir vous rendre tout, sir Richard, mais depuis deux mois la fortune a cessé de me sourire; des incendies partiels ont ruiné mon commerce de cette année; mes esclaves, atteints d'une maladie inconnue, meurent par douzaine. Il semble qu'un mauvais génie plane sur ma maison.

(*Ici Atar-Gull parait au fond traînant après lui un serpent mort qu'il tient par la queue. Il entre avec lui dans le pavillon.*

THOMSON, *sans le voir.*

Après avoir établi mes deux enfans, il ne me restera plus qu'un revenu modique, mais dont à mon âge on doit se contenter.

RICHARD.

Mille remercîmens, sir Thomson, de ce que vous voulez

faire pour moi ; mais croyez bien que l'aimable Jenny était l'unique objet...

ATAR-GULL, *sortant du pavillon.*

Les ordres sont exécutés.

RICHARD.

A Merveille.

THOMSON.

Il n'y a rien à craindre , n'est-ce pas?..

ATAR-GULL.

Regardez vous-même, maître.

THOMSON, *sortant du pavillon.*

Non .. nul danger. Je pouvais d'ailleurs m'en rapporter à toi , mon fidèle serviteur.

RICHARD.

C'est bien cela , dans la corbeille (*riant*). Oh ! oh ! oh ! Elle va jeter de beaux cris.

ATAR-GULL, *à part.*

Les imprudens ! ils oublient que la trace d'un serpent mort attire toujours un serpent vivant... Je me le suis rappelé , moi ! (*Il referme vivement la porte du pavillon et va se coucher à demi sous la jalousie de la petite fenêtre.*)

SCENE VI.

LES MÊMES , JENNY, CLÉMENTINE , puis BAGUENAUDAIS
chargé de différens objets.

CLÉMENTINE.

Allons donc , paresseux , allons donc.

BAGUENAUDAIS.

C'est ça , paresseux... et c'est moi qui fait tout... Je vous demande un peu où est mon suppléant ; je ne le trouve jamais que quand il a besoin de moi. . Oh ! il faudra que ça cha ge.

(*On se met à table sous le bosquet. Baguenaudais sort : puis après avoir servi, va se mettre dans un coin du bosquet à l'ombre et agite un éventail.*)

RICHARD.

En vérité , Clémentine , je ne saurais pas le contenu de la lettre, que tout à l'heure vous avez remise à votre père, que je le devinerais à la joie qui brille dans vos yeux.

CLÉMENTINE.

Sir Richard, je n'ai pas de pruderie ridicule, et je ne cherche point à cacher mon bonheur. J'aime Édouard de toute la force de mon âme, mon père approuve cet amour, et le jour où il bénira mon union sera le plus beau de ma vie.

THOMSON.

Chère Clémentine !

JENNY, qui jette à la dérobée un regard sur Atar-Gull.

Pauvre Atar-Gull ! le soleil le brûle ; mais je n'ose l'appeler.

(Atar-Gull écoute avec anxiété, et son regard semble attaché du côté où il est allé chercher le serpent mort.)

CLÉMENTINE.

Je vais maintenant croire au pressentiment, mon père ; il devait m'arriver quelque chose d'heureux aujourd'hui, car depuis ce matin je suis vraiment d'une gaieté folle.

(Ici Atar-Gull fait un mouvement de joie ; à travers les plattes-bandes il voit un serpent dérouler ses anneaux.)

ATAR-GULL, *à part.*

Enfin le voilà... Il a reconnu la trace... Il trouvera passage... J'ai laissé une croisée ouverte... Achève ton ouvrage, sir Richard ! c'est pour le vieux Job que tu agis.

CLÉMENTINE.

Que signifient donc les signes que vous échangez avec mon père... Me ménageriez-vous une surprise, sir Richard ?

RICHARD.

Peut-être bien.

BAGUENAUDAIS.

Ah oui, la corbeille de fleurs.

CLÉMENTINE.

Une corbeille de fleurs !

RICHARD.

Oui, ma chère belle sœur, dans votre pavillon.

CLÉMENTINE.

Vraiment ! je veux les voir tout de suite, viens-tu avec moi Jenny.

JENNY.

Que m'importe ! non, vas y seule.

CLÉMENTINE.

Je vous dirai, sir Richard, si vous avez bon goût.

Elle se lève, et court au pavillon ; Richard s'est levé aussi et quand elle est entrée, il ferme la porte et se place devant.

JENNY.

Que faites-vous donc sir Richard ?

RICHARD.

Une plaisanterie, nous voulons guérir Clémentine de sa frayeur, le serpent mort est là.

JENNY.

Oh ! qu'elle cruelle plaisanterie.

THOMSON, *toujours assis et relisant sa lettre.*

Il n'y a pas de danger mon enfant.

CLÉMENTINE, *dans le pavillon.*

Ah! au secours, à moi... un serpent...

RICHARD, *riant.*

Ah ah! j'en étais sûr.

CLÉMENTINE.

Mon père!... mon père!...

THOMSON, *riant.*

Ah ah ah... mais n'aie donc pas peur.

JENNY.

Oh! C'est assez... Richard...

CLÉMENTINE, *frappant à la porte.*

Ah! mon père!... Jenny!... il me mord... ah!

ATAR-GULL, *pendant ce temps a soulevé la jalousie, puis a détourné la tête.*

Oh! c'est atroce le supplice de la jeune fille.

Au moment où Clémentine, en se débattant, arrache la jalousie et tombe avec elle, on voit alors l'intérieur du pavillon. La jeune fille est mourante et ensanglantée. Jenny pousse un cri et tombe devant la fenêtre du pavillon. Richard se cache le visage, et Thomson, qui a couru à Clémentine, s'arrête épouvanté devant la porte. Atar-Gull contemple ce spectacle avec une joie mêlée de terreur.

ATAR-GULL, *à part*

Le vieux chef avait raison, la vengeance du serpent est la plus sûre.

FIN DU TROISIÈME TABLEAU.

QUATRIÈME TABLEAU.

Même décor qu'au tableau précédent; seulement à la place du pavillon qu'on a détruit s'élève une corbeille de verdure au milieu de laquelle on entrevoit une petite colonne de marbre blanc et le nom de Clémentine gravé sur la colonne. Ce petit tombeau de jeune fille doit offrir un aspect plutôt gracieux que triste. Au fond, l'habitation, dont toutes les jalousies sont baissées.

SCÈNE VII.

JENNY, *en robe de deuil, arrose les fleurs qui croissent autour de la petite colonne.*

Malgré mes soins, le soleil dévorant brûle mes fleurs..... Pauvre Clémentine! six mois ont passé et notre douleur semble encore ne dater que d'hier, déjà sous le marbre, toi qui entrais à peine et si joyeuse dans la vie, oh! la mort s'est trompée, c'est moi qu'elle devait atteindre, moi à qui le ciel ne gardait ni bonheur, ni joie! moi qui n'était pas aimée d'amour.

SCENE VIII.

JENNY, BAGUENAUDAIS, *sortant de l'habitation.*

BAGUENAUDAIS.

Me v'la bien, on me donne mon congé, qu'est-ce que je vas devenir? Comme c'est commode de se trouver sur le pavé à la Jamaïque.

JENNY.

Qu'as tu donc mon ami?

BAGUENAUDAIS.

J'ai, Mademoiselle, que Monsieur votre père vient de dire à tous ses domestiques: « Mes enfans, je n'ai plus assez » de fortune pour payer vos services, cherchez un autre » maître, ou retournez chez vous. » Retourner chez soi, c'est gentil, quand on a 2000 lieues à faire; scélérat de Robinson Crusoé! c'est pourtant lui qu'est cause de tout ça.

JENNY.

Mon ami, je supplierai mon père de te garder; je comprends qu'il diminue le train de sa maison, depuis près d'un an, il a fait des pertes si considérables...

BAGUENAUDAIS.

C'est vrai qu'il a eu du guignon depuis quelques temps; il a été obligé de supprimer jusqu'au commandeur, à qui il ne restait plus d'esclaves à battre.

JENNY.

Quelque complette que soit notre ruine, j'en éprouve une secrète joie, elle a éloigné sir Richard.

BAGUENAUDAIS.

A propos de sir Richard, j'ai là pour lui une lettre de Monsieur votre père.

JENNY.

Une lettre à sir Richard!

BAGUENAUDAIS.

Quoiqu'on me supprime, je veux faire mon service jusqu'à la fin. Ah! v'la Atar-Gull... il ne risque rien de faire aussi son paquet; car je suis sûr que sir Thomson le vendra un de ces quatre matins.

JENNY.

Le vendre! lui, Atar-Gull!

BAGUENAUDAIS.

Et il en aura un bon prix; il a une santé de fer, ce garçon-là... Tous ses camarades sont morts, et il n'a pas même attrapé la fièvre. Adieu, mademoiselle, je vais tâcher de me louer quelque part. O ma rue Tirechappe! où es-tu?

SCENE IX.

JENNY, ATAR-GULL.

JENNY, *à part.*

Pourquoi donc mon père écrit-il à sir Richard?

ATAR-GULL.

Maîtresse, ton père te prie de quitter aujourd'hui les habits de deuil, et de prendre des habits de fête.

JENNY.

De fête! quel motif?

ATAR-GULL.

Il attend du monde.

JENNY.

J'obéirai. Une fête ici... Ah! une réunion d'adieu. Nous allons quitter la colonie, peut-être (*elle a fait quelques pas vers l'habitation*) Partir! et... (*elle s'arrête, regarde un moment Atar-Gull, et revient à lui*) Atar-Gull!

ATAR-GULL.

Maîtresse.

JENNY.

Un mot seulement. Mon ami! si le sort, qui nous a traités si cruellement, ne se lassait pas de nous poursuivre, s'il nous réservait encore quelque coup imprévu, est-ce que tu nous abandonnerais?

ATAR-GULL.

Le maître a payé son esclave; son esclave est à lui.

JENNY.

Mais s'il dépendait de toi d'être libre... nous quitte... quitterais-tu mon père?

ATAR-GULL.

Oh! non, j'ai fait un serment qui m'enchaîne à lui.

JENNY.

Un serment?

ATAR-GULL.

Ne cherche pas à me deviner, maîtresse; ton âme ne peut pas comprendre la mienne.

JENNY, *le regardant.*

Pourquoi?

ATAR-GULL.

Parce que les blancs semblent douter que sous notre poitrine noire il y ait, comme sous la leur, un cœur qui sente, qui souffre et qui se souvienne.

JENNY.

Que dit-il?

ATAR-GULL.

Pourtant le même sang qui circule dans leurs veines bouillonne et s'allume dans les nôtres. Il nous ont fait descendre au rang de la brute ; mais ce cœur qui bat et s'indigne, nous rappelle par fois que Dieu ne nous créa point esclaves, mais qu'il nous fit hommes aussi.

JENNY, à part.

J'aime à lui voir cette fierté !

ATAR-GULL.

Dans la vie d'Atar-Gull ; de l'obscur, de l'indifférent Atar-Gull, il est survenu un de ces jours qui décime d'un autre avenir, et le soleil de cette journée a laissé là une trace qui ne s'effacera plus.

JENNY, avec une tendre inquiétude.

Je crois te comprendre, Atar-Gull ; tu veux parler du jour où je te vis pour la première fois ; tu étais enchaîné, j'obtins ta grâce, et ce jour changea ton sort. Est-ce de celui-là que tu te souviens ?

ATAR-GULL.

Oui, maîtresse ; dès ce jour une autre vie a commencé pour moi.

JENNY, à part.

Oh ! mon Dieu !

ATAR-GULL.

De ce jour, j'ai juré que la mort seule me séparerait de mon maître. Oh ! je t'en supplie à genoux, maîtresse, dis bien à ton père de ne pas renvoyer son esclave ; dis bien qu'à lui j'ai voué chaque jour, chaque heure de mon existence. S'il est malheureux, dis qu'Atar-Gull travaillera pour lui, pour toi... Atar-Gull ne demandera rien pour son salaire, rien, entends-tu ? mais il faut qu'il reste avec son maître ! il le faut pour qu'il vive !... pour que son poignard ne se teigne pas de sang !

JENNY, avec émotion.

Rassure-toi, retire-toi, Atar-Gull ! je parlerai à mon père. Oh ! lui non plus ne voudra pas se séparer de toi ; tu ne nous quittera pas, Jenny te le promet. L'heure avance, adieu, adieu, Atar-Gull ; je vais à ma toilette, achève d'arroser ces fleurs. A ce soir.

ATAR-GULL.

On ne chassera point Atar-Gull, n'est-ce pas ?

JENNY.

Oh ! jamais ; à ce soir. (Elle fait quelques pas, puis s'arrête, se retourne.) Pauvre Atar-Gull ! oh, mon Dieu ! l'ai-je compris ! (Elle sort.)

SCENE X.

ATRA-GULL, seul.

(*Quand la jeune fille est partie, il va prendre l'arrosoir, puis s'arrête pour réfléchir.*)

Je n'avais pas songé que le vieillard pouvait se défaire de moi...Ah ! le jour où il me dira : Pars !... de ce jour il faudra qu'il meure ; mais cette mort prompte et sans souffrance n'est pas ce que j'ai promis à Job ; à mes frères qui sont allés le rejoindre. Ils étaient douze les noirs du morne aux Loups, qui m'ont dit : Atar-Gull ! compte-nous bien ; autant de tortures que de victimes !... Thomson, ton supplice ne peut pas finir sitôt ! les peines de ta fille m'aideront à le prolonger (*il se dirige vers le tombeau, et le regarde*).La ruine du maître et ce tombeau attestent assez q'Atar-Gull n'a pas oublié. Pourtant, mes frères de la montagne accusent ma lenteur ; plus d'une fois déjà ils m'ont envoyé la branche de mancénillier, pour me demander le signal de meurtre et d'incendie ; mais j'hésite à le leur donner. Cette pauvre jeune fille ! si pure, si bonne ! ils la tueraient... et, certes, elle n'eût pas condamné Job. Oh ! non, elle eût crié pitié !... pitié pour lui ! et dans le cœur d'Atar-Gull il y a pitié pour elle. (*regardant le tombeau*) Oh ! assez d'une victime innocente, je n'en veux plus d'autre que Thomson ; mais celle-là, Job, il te la faut !

SCENE XI.

ATAR-GULL, THOMSON.

(*Tomson avance lentement, s'arrête et se découvre devant le tombeau.*)

THOMSON.

Merci, mon Atar-Gull, merci des soins religieux que tu donnes à ce dernier asile de ma fille bien aimée.

ATAR-GULL, *avançant un siége.*

Maître, vous paraissez plus souffrant que de coutume.

THOMSON, *s'asseyant.*

Le coup que j'ai reçu est mortel ; mais écoute-moi, Atar-Gull.

ATAR-GULL.

Oui, maître (*il s'assied à ses pieds*).

THOMSON.

Depuis la mort de ma Clémentine, mon séjour ici me pèse. Tout-à-l'heure je vais marier Jenny à sir Richard.... oui, à sir Richard, qui a tué mon enfant ; mais il le faut pour que ma dernière fille ne soit pas réduite à la misère, et pour que je ne manque pas à l'honneur, le premier de tous les biens.

ATAR GULL.

L'honneur? (*le regardant fixement.*)

THOMSON.

Il ne me reste plus que cette seule habitation; elle suffirait tout au plus à payer ce que je dois à Richard, si je lui refusais la main de Jenny, qu'hier il m'a fait impérieusement demander. L'idée seule de ce mariage me brise le cœur! pourtant il se fera. Je dois, avant tout, remplir mes engagemens; car, je te le répète, il y va de l'honneur.

ATARGULL.

C'est donc bien précieux l'honneur?

THOMSON.

Oh! plus que la vie.

ATAR-GULL.

Et on le perd en manquant à sa parole?

THOMSON.

Sans doute.

ATARGULL, *à part.*

Tu y manqueras.

THOMSON.

Après cette union, je partirai pour l'Europe; M. Adderson m'adressera à Paris à l'un de ses correspondans, chez lequel, par ses conseils, j'ai placé quelques fonds. En m'éloignant, je n'ai pas voulu te laisser à un autre maître...... Atar-Gull, voilà ton acte d'affranchissement.

ATAR-GULL.

Oh! maître, je ne l'accepte pas; partout je te suivrai, j'en ai fait le serment et mon Dieu punit le parjure.

THOMSON.

Je te le répète, tu ne m'appartiens plus...

ATAR-GULL, *à part.*

Mais il m'appartient, lui.

SCENE XII.

LES MÊMES, BAGUENAUDAIS.

BAGUENAUDAIS.

Pardon, sir Richard, a votre lettre... et le notaire est dans le petit salon.

THOMSON.

Bien, je vais convenir avec lui des différentes clauses du contrat. Atar-Gull... en France, il n'y a plus d'esclaves; mais mon ami pourra m'accompagner. (*Atar-Gull lui baise la main.*)

(*Thomson entre à l'habitation.*)

SCENE XIII.

ATAR-GULL, BAGUENAUDAIS.

BAGUENAUDAIS.

Bon! le v'là parti!

ATAR-GULL, *à part.*

Son honneur !...

BAGUENAUDAIS, *tirant de sa poche une branche de mancenillier et la présentant à Atar-Gull.*

Voulez-vous bien me permettre de vous la souhaiter bonne et heureuse ?

ATAR-GULL.

Que veux-tu dire ?

BAGUENAUDAIS.

Je vous souhaite votre fête.

ATAR-GULL.

Comment ?

BAGUENAUDAIS.

Sans doute... Tout-a-l'heure, comme je traversais le sentier qui conduit chez sir Richard, j'ai vu sortir d'un gros buisson un moricaud qui m'a dit : Tu es au planteur Thomson. — Oui, esclave, j'ai l'honneur d'être son domestique encore pour un quart d'heure. — Eh bien! donne cela à Atar-Gull.

ATAR-GULL.

La branche de mancenillier...

BAGUENAUDAIS.

Alors je me suis dit : il paraît que sur le calendrier noir c'est la Saint-Atar-Gull... et voilà pourquoi je vous prie d'accepter ce léger coco, que j'ai cueilli à votre intention.

ATAR-GULL, *sans l'écouter.*

Ils sont dans les environs... Ils attendent le signal... pour achever l'œuvre... Mais la jeune fille...

BAGUENAUDAIS, *à part.*

A présent que je l'ai bien disposé, faut que je lui fasse ma proposition. (*Haut*) Dites-moi, quarteron, c'est-y vrai ce qu'on m'a dit, que le patron vous avait affranchi ?

ATAR-GULL.

Oui.

BAGUENAUDAIS.

Eh bien ! si vous voulez, je vous achète ; vous me donnerez du temps, vous travaillerez pour moi, et vous aurez la moitié de ce que vous gagnerez en à-compte. Hem! ça vous va-t-y ?

ATAR-GULL, *à part.*

Si je balance long-temps encore, Thompson s'acquittera envers sir Richard.

JENNY, *paraissant sous le péristile.*

Atar-Gull !

ATAR-GULL.

Maîtresse...

JENNY.

Il faut que je te parle.

ATAR-GULL.

A moi ?

JENNY, *à Baguenaudais.*

Mon père a besoin de vous au salon.

BAGUENAUDAIS.

J'y cours, mademoiselle. (*A part.*) Ça n'a pas l'air de
lui sourire beaucoup. Je vais toujours me proposer à sir Richard.

SCENE XIV.

ATAR-GULL, JENNY.

ATAR-GULL.

Qu'as-tu donc, maîtresse ?

JENNY.

Atar-Gull, Richard est ici ; que vient-il faire ?

ATAR-GULL.

Chercher sa fiancée !

JENNY.

Lui... oh ! c'est impossible... Cet odieux mariage, la mort
de ma sœur l'a rompu.

ATAR-GULL.

Tu te trompes, maîtresse, aujourd'hui tu seras unie à sir
Richard.

JENNY.

Plutôt mourir !

ATAR-GULL.

Que dit-elle ? (*Haut.*) N'avais-tu pas consenti ?

JENNY.

Il y a huit mois... mais alors Richard n'avait pas creusé
ce tombeau... Mais alors... Atar - Gull, il y a maintenant
entre Richard et moi une barrière insurmontable...

ATAR-GULL, *avec feu.*

Insurmontable !.. maîtresse. Ah ! dis-tu vrai, tu n'épou-
seras pas Richard ? Oh ! mais les prières d'un père ont tout
pouvoir sur nous... Résisterais-tu aux larmes du tien ?.. Oh !
tu hésites... tu céderais !

JENNY.

Mon ami, dans ma détresse, j'ai pensé à toi. Tu m'as
sauvé la vie, sauve-moi du malheur. Dis-moi, quel parti
prendre ? que faire ?.. Je crains les larmes de mon père, je
l'avoue ; mais je ne crains pas la mort... Pour éviter cet affreux hymen.... n'ai-je qu'à mourir ?.... Parle, je suis
prête.

ATAR-GULL.

Toi mourir !! Oh! non, non.. Mais écoute les conseils d'un pauvre esclave... n'avoue rien à ton père. Une fois en présence de sir Richard, de ses témoins, de son notaire, refuse, méprise son alliance; dis-lui, s'il le faut, que ton cœur est à un autre. Richard, devant tout le monde, ne pourra ni dévorer son affront, ni te contraindre; il rendra à ton père la parole qu'il en a reçue... Ainsi, tu ne mourras pas, maîtresse, et Richard n'aura pas sa fiancée..... Quelqu'un vient... c'est ton père. Qu'il ne soupçonne pas ta résolution... Tu ne lui résisterais pas peut-être. Maîtresse, ne parle que devant Richard... Ce que j'ai dit, le feras-tu?

JENNY, *avec force.*

Oui...

SCENE XV.

LES MEMES, THOMSON.

THOMSON.

Laisse-nous Atar-Gull.

ATAR-GULL.

Oui, maître. (*Il sort*)

JENNY, *à part.*

O mon Dieu! aurais-je assez de force...

THOMSON.

Ma fille! pourquoi es-tu sortie du salon?

JENNY.

Parce que j'y avais aperçu sir Richard.

THOMSON.

Eh bien! ne devais-tu pas t'attendre qu'un jour il viendrait réclamer l'exécution de ma promesse?

JENNY.

Il est donc vrai!

THOMSON.

J'ai donné un prétexte à ta brusque sortie... Mai la rédaction du contrat doit toucher à sa fin... Jenny... on nous attend. Viens... mais qu'as-tu donc? Tu pâlis, tes genoux chancellent!

JENNY.

Je ne puis aller plus loin.

THOMSON.

Jenny, ma fille!

JENNY, *tombant à ses genoux.*

Mon père.... je n'épouserai pas sir Richard.

THOMSON.

Qu'entends-je...

JENNY.

Ah ! vous allez me maudire, et ¡ou la it je suis bien malheureuse.

THOMSON.

Te maudire, toi, Jenny, toi l'unique enfant que le ciel m'ait laissé; oh non, ton père a d'autres armes en son pouvoir, relève-toi ma fille, ne crains plus... et viens sur mon cœur, là nous nous entendrons mieux.

JENNY.

Mon père, ne me parlez pas ainsi, c'était votre bonté que je redoutais bien plus que votre colère, mais j'en suis indigne, je vous l'ai dit, mon père : jamais je ne consentirai...

THOMSON.

Ecoute enfant, je comprends ta répugnance, l'ombre de notre Clémentine, n'est ce pas, se place entre Richard et t .i? eh bien.. ma Jenny, si par un miracle Clémentine pouvait soulever ce marbre et t'apparaître, elle aussi tomberait à genoux; te dirait « Jenny, après moi, tu as hérité de la part » d'amour que mon pèr m'avait faite, sur toi se sont amas- » sées toutes ses affections, toutes ses espérances, toi seule » tu l'attaches encore à la vie. Jenny, ton refus c'est le » déshonneur, et le déshonneur pour lui, c'est la mort. »

JENNY,

Le déshonneur !

THOMSON.

Tiens, ma fille, prends cette lettre qu'hier j'ai reçue de sir Richard, tu verras si je puis me délier de ma promesse.

JENNY.

Que vois-je ! il réclame ou ma main, ou cette habitation, seul bien qui vous reste, mon consentement ou votre ruine.

THOMSON.

Maintenant Jenny, prononce, il dépend de toi, que mes derniers jours s'éteignent sans que je connaisse la misère; la misère ! oh! je te l'avoue, elle m'effraie ; à plus jeune, elle pèse; à mon âge, elle tue.

JENNY, à elle-même.

O mon dieu! mais c'est affreux... moi l'épouse de Richard, Richard !! C'est impossible! et pourtant, il le faut; oui mon père, car entre mon malheur et le votre, votre fille ne balancera pas; mais son cœur est brisé, mais sa tête se perd; ah! mon Dieu! que je voudrais donc mourir!

THOMSON, avec résignation.

Calme-toi, ma Jenny, je n'exige plus rien : que la volonté de Dieu soit faite. Je vais...

JENNY, qui semble avoir pris une résolution.

Attendez, attendez, je vous prie.

THOMSON.

Que dis-tu?

JENNY.

Oui, oui, le ciel a pris pitié de nous, ma pensée m'est venue, qui nous sauve tous les deux.

THOMSON.

Qu'elle est-elle ?

JENNY.

Richard est là, allons le trouver, vous tiendrez votre parole, mon père, et le malheur n'écrasera pas votre vieillesse ; venez, venez, j'ai hâte d'éloigner de vous la misère.

THOMSON.

Mais apprends-moi.

JENNY, *sautant à son cou.*

Mon père, mon bon père, embrassez votre fille et ne pleurez plus sur elle... son cœur n'est plus déchiré, sa tête n'est plus en feu ; voyez, plus de désespoir, plus de larmes dans ses yeux ; elle est heureuse. Oh ! merci, Clémentine, merci, car c'est de toi que m'est venue cette pensée.

BAGUENAUDAIS, *descendant le perron.*

Pardon si je vous dérange ; mais sir Richard s'impatiente et il m'envoie...

JENNY.

Vous l'entendez...

THOMSON.

Ne saurai-je pas avant...

JENNY.

On nous attend.

THOMSON.

Mais, quel est ton espoir ?

JENNY, *à part.*

Atar-Gull !... (*haut*). Venez, venez, mon père.

SCENE XVI.

BAGUENAUDAIS, ATAR-GULL.

BAGUENAUDAIS.

Allons, elle va signer le contrat. Oh ! Gibecienne, le notaire qui doit faire le nôtre a le temps de tailler sa plume. Au reste, mademoiselle Jenny n'aura pas là un mari de premier choix ; il est gentil le colon ! Il ne veut pas de moi... à moins que je ne me mette à faire pousser le sucre... Je n'ai plus qu'une ressource, c'est d'acheter Atar-Gull, parce qu'à nous deux il fera ma besogne. Le v'là, nous allons terminer cette affaire-là tout de suite.

ATAR-GULL, *avec colère.*

Elle a signé !... Le maître aurait tenu sa promesse ! et Jenny serait à Richard ! oh, non !

BAGUENAUDAIS.

Eh ben! dites-donc , avez-vous réfléchi à ma proposition?

ATAR-GULL.

Ecoute : tu m'as dit que je pouvais compter sur toi? ..

BAGUENAUDAIS.

Pour le paiement , ça dépendra que de vous , puisque...

ATAR-GULL.

Tu vas aller au bout de la grande savanne.

BAGUENAUDAIS.

Pourquoi faire?

ATAR-GULL.

Tu mettras en croix deux bambous.

BAGUENAUDAIS.

C' t'idée!

ATAR-GULL.

Tu vas partir à l'instant même ; c'est la prière des nègres pour le mariage de notre jeune maîtresse.

BAGUENAUDAIS.

Ah! j'entends... c'est comme qui dirait quand maman brûle une petite chandelle à l'autel de sainte Cunégonde.

ATAR-GULL.

Hâte-toi.

BAGUENAUDAIS.

Soyez tranquille , j'ai de bonnes jambes , d'ailleurs , la peur... ça galoppe.

(Il sort.)

SCENE XVII.

ATAR-GULL JENNY.

ATAR-GULL.

C'en est fait, ruine et destruction , venez à mon aide; dans quelques minutes cette riche habitation n'offrira plus qu'un amas de décombres. Sir Richard l'époux de Jenny! jamais... jamais!... Accourez, vengeurs du vieux Job, renversez tout ce qui doit appartenir à Richard! Meure Jenny elle-même plutôt que d'être à lui !

JENNY.

Enfin je suis libre! Atar-Gull, à moi...

ATAR-GULL.

Que veux-tu , maîtresse?

JENNY.

Tu l'avais dit, je n'ai pu résister à mon père... Oh! non, je ne le devais pas, j'aurais été maudite de Dieu. J'ai consenti , pour que le vieillard ne manquât pas de pain , pour qu'il eût un asile où il pût reposer sa tête. A présent, Atar-Gull, que j'ai accompli ce devoir sacré, je puis bien me soustraire au supplice affreux qui m'est réservé , n'est-ce pas?

ATAR-GULL.

Qui te sauvera?

JENNY.

Toi !

ATAR-GULL.

Moi ?

JENNY.

Ecoute , écoute, Atar'Gull. Les hommes de couleur ont
en leur pouvoir, je le sais , un poison qui tue aussi promp-
tement que l'acier. Atar-Gull, c'est de cela qu'il me faut ;
ce matin je t'ai dit , plutôt mourir que d'être à sir Richard.
Je suis à lui , tu vois-bien qu'il faut que je meure.

*(Ici des nègres paraissent sur le toit de l'habitation, d'autres
descendent le long du mur et entrent dans l'habitation. On a dû
voir précédemment de la lumière à une fenêtre, c'est celle de
la chambre de Thompson ; Atar-Gull , a vu les nègres pénétrer
dans la maison, et il a fait un mouvement de joie.*

ATAR-GULL , *en souriant.*

Rassure-toi , maîtresse , tu ne mourras pas , et ton mariage n'aura pas lieu.

JENNY.

Qui l'empêchera ?

ATAR-GULL.

Dieu et les noirs de la montagne. Regarde.
(Le feu parait.)

JENNY:

Ah ! le feu !... le feu !... les misérables ! mon père est dé-
shonoré ! Au secours !.. au secours !

ATAR-GULL.

Tais-toi , tais-toi , maîtresse , ils te tueront.

JENNY.

Miséricorde! le feu gagne la chambre de mon père . Oh !
Atar-Gull, tu ne le laisseras pas mourir. Au nom de ton
père , Atar-Gull sauve le mien.

ATAR-GULL.

Mon père ! as-tu dit? Oh ! oui , vieux Job, Thomson ne
doit pas mourir encore.

(Il s'élance au milieu des flammes.)

BAGUENAUDAIS, *paraissant à une lucarne.*

Encore les marrons qui brûlent : au secours... ils m'é-
touffent.

JENNY.

Ah ! voilà la cloche de secours.

(Elle l'agite violemment.)

BAGUENAUDAIS, *qui agite un drap, glisse jusqu'en bas.*

Ouf !... ah ! que c'est haut.

JENNY, *apercevant des soldats qui entrent en scène.*

Oh! mon Dieu! tu nous envoies des sauveurs!

(Les soldats font feu sur les nègres incendiaires, qui tombent ou s'enfuient. Atar-Gull sort du milieu des flammes, portant Thomson évanoui.)

JENNY.

Mon père!

ATAR-GULL.

Le voilà, maîtresse..; Respire-t-il encore?

JENNY.

Dieu soit béni!... Atar-Gull, il existe!

ATAR-GULL, *à part.,*

Oui, pour connaître son malheur.

TABLEAU.

FIN DU DEUXIÈME ACTE.

ACTE III.

(Le théâtre représente la cour d'une maison de la rue Tirechappe. A droite du public, le commencement d'un escalier avec une rampe. A gauche, la loge du portier ; au fond, la porte cochère.)

SCENE PREMIERE.

LA MÈRE BAGUENAUDAIS, VOISINES.

(Au lever du rideau, le théâtre est vide ; on frappe à la porte, la mère Baguenaudais tire le cordon, toutes les voisines arrivent ayant chacune un pot au lait à la main.)

La Mere BAGUENAUDAIS.

Arrivez, mes chères voisines, arrivez donc... J'en ai une fière à vous conter à ce matin.

UNE VOISINE.

C'est-il toujours la tailleuse du second qu'a battu son mari ?.. ou bien je gage que c'est l'huissier du premier, qui a encore découché... Dam', un homme de plume c'est si léger.

La Mere BAGUENAUDAIS.

Il s'agit bien de tout ça, c'est de mon fils, de mon cher Lolo Baguenaudais, que je veux vous parler... Il arrive, mesdames, il arrive après trois ans d'absence.

TOUTES.

Il serait possible !

La Mere BAGUENAUDAIS.

Voyez, j'en pleure de joie !.. Ce n'est pas tout que l'plaisir ; mais l'amour-propre donc... Pouvoir dire, j'ai un fils qui a vu la fin du monde... qui a marché sur le dernier bout de l'univers .. Mais tenez, écoutez la lettre que j'ai reçue hier soir... Vous verrez comme c'est écrit... Il y a du sentiment, l'orthographe et tout... quoi !

LES VOISINES.

Nous écoutons.

La Mere BAGUENAUDAIS, tirant une lettre de sa poche.

« A Madame veuve Baguenaudais, portière, rue Tirechappe, n° 13, département de la la Seine, en Europe. De la Jamaïque. »

LA VOISINE.

Tient, la Jamaïque ! je connais une eau-de-vie de ce pays-là.

LA MÈRE BAGUENAUDAIS,

Ça s'appelle du rhum, mère Cloquet, c'est très-estoma-

chal pour la poitrine. Mais laissez—moi rachever. (*Lisant*)
« Chère maman, votre fils n'est pas mort, au contraire, les
» voyages l'ont mis à même de développer ses facultés intel-
» lectuelles. »

LA VOISINE.

Comment, intellectuelles ?

La Mère BAGUENAUDAIS.

C'est un mot espagnol. « Le fait est que je suis devenu
« très-joli garçon... Ce n'est pas comme vous, ô ma mère
« chérie, je gage que e vous retrouverai bien changée à
» votre désavantage... et c'est dommage ; car vous n'étiez pas
» déjà très-bien à mon départ. » Il a une mémoire d'ange
cet enfant là... « Vous sentez bien, chère maman, que je ne
» vas pas m'amuser à vous raconter mes aventures, d'autant
» plus que je veux avoir quelque chose à vous dire à mon
» retour... Dites à Gibecienne que si ma couleur est un peu
» changée, mon cœur est toujours le même. »

LA VOISINE.

Ah ! Mon Dieu, le pauvre garçon, quand il saura.

La Mère BAGUENAUDAIS.

Ne m'en parlez pas, voisine, ça me saigne l'âme rien que
d'y penser... Continuons. « Je vous écris à deux mille lieues
» de la rue Tirechappe. Attendez-moi demain à déjeuner,
» et tâchez que le lait de la mère Pichon ne tourne pas. »

LA VOISINE.

Comment, il est à deux mille lieues et il vient déjeuner
ce matin ?.. Il faut que votre fils voyage en ballon.

La Mère BAGUENAUDAIS.

Écoutez la *poste escriptume*, et vous comprendrez. (*Lisant.*) « J'étais en effet à deux mille lieues quand j'ai com-
» mencé cette lettre ; mais après l'avoir égarée pendant dix-
» huit mois dans ma poche, j'ai le bonheur de la retrouver
» ce soir à Saint-Denis, où je me suis arrêté n'ayant pas la
» force d'aller plus loin. C'est de là que je me dis votre fils
» harrassé, courbaturé, échiné pour la vie. Jean-Lolo-Ma-
» rie-Madelaine Baguenaudais. »

LA VOISINE.

Va-t-il en avoir à nous conter !.. avec ça qu'il était déjà un
peu bavard.

La Mère BAGUENAUDAIS.

Voisines, je me ferai un vrai plaisir de vous recevoir dans
mon salon ; car il va me donner au moins un hôtel Quand
votre pot-bouille sera faite, vous viendrez chez moi écouter
le récit des aventures de ce cher enfant.

LA VOISINE.

Vous croyez donc qu'il fait a fait fortune ?

La Mere BAGUENAUDAIS.

Je le suppose, mesdames; d'abord on ne va jamais dans les îles sans faire fortune... c'est connu.

LA VOISINE.

Cependant, mère Baguenaudais, ce vieux bonhomme qui demeure chez vous tout là haut, il en vient des îles... et pourtant ce n'est pas un richard.

La Mere BAGUENAUDAIS.

Je crois bien, et sans son domestique... je ne sais pas trop ce qu'il serait devenu à Paris... Voilà un être intéressant que ce bon monsieur Targu... C'est un adoration de mulâtre; quoi, de voir comme il s'oublie pour son maitre... Il le soigne que ça fait trembler... encore ne veut-il pas que personne en approche; on dirait qu'il a peur qu'on ne le lui mange.

LA VOISINE

Ce n'est pas l'embarras, tout le monde en fait du récit dans le quartier, de ce M. Targu.

La Mere BAGUENAUDAIS.

N'y a pas à dire, c'est lui qui nourrit son maître. Le jour, il travaille pour payer le médecin du père et la pension de la fille, mam'selle Jenny, qu'est en apprentissage chez une lingère, et quand il s'est bien fatigué toute la journée, il passe la nuit à veiller auprès du vieillard.

LA VOISINE.

Il est donc bien malade ce M. Tronson?

La Mere BAGUENAUDAIS.

Depuis un an qu'il demeure chez nous, il n'a pas encore pu retrouver son bon sens. Le médecin dit comme ça que c'est la perte de sa fortune qui l'a rendu hébété. Sommes-nous heureux de n'avoir jamais rien eu, au moins quand nous le perdrons, ça ne nous causera pas de révolution. *(On frappe.)*

LA VOISINE.

Dites donc, mère Baguenaudais, on a frappé.

La Mere BAGUENAUDAIS.

Dieu ! si c'était... (*Elle va tirer le cordon.*)

LA VOISINE.

Eh bien, non, c'est M. Targu.

SCENE II.

LES MÊMES, ATAR-GULL, *costume d'ouvrier de Paris.*

La Mere BAGUENAUDAIS et Les VOISINES.

Bonjour, M. Targu... Vot' servante, M. Targu.

ATAR-GULL.

Il n'est venu personne?

La Mère BAGUENAUDAIS.

Si fait... le médecin d'abord... Il est près de votre maître, qui va toujours de même... aussi vous feriez bien d'écouter le docteur, qui ne demande pas mieux que de placer ce pauvre bonhomme dans une maison de santé... Au moins vous auriez un peu de repos.

ATAR-GULL.

Le confier à d'autres soins que les miens ; ah ! non... nous ne devons pas nous quitter encore !

La Mère BAGUENAUDAIS, aux voisines.

Il n'y a que ces gens-là pour aimer comme ça.

ATAR-GULL, à part.

Le vieux Job a reçu mon serment... et, quoiqu'il m'en coûte, j'attendrai le retour de la raison du maître pour accomplir ma promesse jusqu'à la fin... (Il va pour monter.)

(La Mère BAGUENAUDAIS

Excusez, M. Targu... Il est venu aussi une lettre pour vous ; c'est, je crois, de la part de mam'selle Jenny.

ATAR-GULL, vivement.

De Jenny ! donnez (il ouvre la lettre). Pauvre jeune fille ! elle demande à voir Thomson, à lui prodiguer ses soins... Mais non, je ne dois pas lui permettre de venir ici... Ses larmes me font trop de mal... quand elle pleure, il me semble que je ne hais plus son père... j'oublie tout le mal qu'il a fait au mien... Tant que le vieillard vivra il faut que ma haine vive aussi... Je ne verrai plus sa fille.

(Il monte l'escalier.)

La Mère BAGUENAUDAIS.

Voilà un sujet qui mérite le prix de vertu, celui-là ! n'y a pas à dire, il sert son maître pour rien ; il est domestique pour l'honneur... ça relève joliment notre état.

(On frappe à coups redoublés.)

LA VOISINE.

Quel carillon !

La Mère BAGUENAUDAIS.

Cette fois, mes voisines, je crois que c'est lui... Lolo, mon enfant !

SCÈNE III.

La mère BAGUENAUDAIS, Les VOISINES, BAGUENAUDAIS.

BAGUENAUDAIS, en dehors.

Maman, chère maman ! c'est moi... me revoilà.

LA Mère BAGUENAUDAIS.

Ah ! mon cœur l'avait reconnu au coup de marteau. Mère Cloquet, allez lui ouvrir ; je n'ai plus la force de tirer le cordon.

LA VOISINE.

J'y cours. (*Elle tire le cordon.*)

(*Baguenaudais paraît, il est en costume de voyage, très-pauvre, et porte un paquet attaché au bout d'un bâton.*)

BAGUENAUDAIS.

Où est ma mère! que j'embrasse ma mère...(*à une voisine en la repoussant*) Ce n'est pas vous, il me faut celle qui m'a donné le jour.

La Mère BAGUENAUDAIS.

Eh me voilà, cher enfant! le bonheur m'a ôté les jambes.

BAGUENAUDAIS.

Dieu! oui... c'est elle... (*l'embrassant*) Pauvre mère! vous êtes bien vieillie... c'est égal, je vous aime tout de même.

La Mère BAGUENARDAIS, *pleurant de joie.*

Mon Lolo! tu as été bien long-temps?

BAGUENAUDAIS.

Ah! dame, je ne reviens pas que de Pontoise. Ah ça, à présent que la nature est satisfaite, l'amour m'est nécessaire. Mais je ne vois pas Gibecienne! il me la faut... il me la faut, et tout de suite.

La Mère BAGUENAUDAIS.

Hélas! pour le moment, Gibecienne est à Saint-Mandé, où elle a mis son dernier en sevrage.

BAGUENAUDAIS.

Qu'est-ce que vous m'apprenez-là?... Gibecienne a un enfant... un enfant dont je ne suis pas le père!

LA VOISINE.

Elle en a bien trois.

BAGUENAUDAIS.

C'est impossible. Je n'étais pas là... comment ça s'est-il fait?

La Mère BAGUENAUDAIS.

Ne pense plus à cette fille là, mon enfant; c'est une ingrate. Deux mois après ton départ, ne s'est-elle pas mariée à un sapeur-pompier.

BAGUENAUDAIS.

Ah! ma mère... ma mère... donnez-moi quelque chose pour me remettre, je vas me trouver mal (*avec attendrissement*). Malheureux Baguenaudais! c'était bien la peine d'aller si loin; je croyais en avoir vu de toutes les couleurs, il me manquait encore celle-là. (*reprenant avec rage*) Scélérat de Robinson!... c'est lui qui est cause de tout... maman, donnez-moi Robinson, donnez-le moi que je le déchire comme un antropophage.

La Mère BAGUENAUDAIS.

Fais-toi une raison, mon fils; avec ta fortune et tes talens tu en trouveras une autre plus sensible et plus fidèle.

LA VOISINE.

Certainement, il n'en manque pas dans le quartier.

BAGUENAUDAIS.

Laissez-moi tranquille... quand je pense qu'il n'aurait tenu qu'à moi d'épouser la fille d'un roi sauvage , je serais peut-être sur le trône à présent... et que j'ai préféré revenir près de la perfide !

La Mere BAGUENAUDAIS.

Il serait vrai , j'aurais pu avoir une bru couronnée.

BAGUENAUDAIS.

Certainement, ça n'aurait tenu qu'à moi ; mais quand j'ai passé par-là il n'y avait pas de princesse à marier.

La Mere BAGUENAUDAIS.

J'espère que tu vas nous conter tes aventures.

BAGUENANDAIS,

Pas tout de suite , d'abord je gèle ici... je n'ai plus l'habitude du climat, aussi; il faut commencer par me réchauffer. Donnez-moi une chaufferette, la pompe à feu, un rayon de soleil, ce qui vous tombera sous la main.

La Mere BAGUENAUDAIS.

Tu vas avoir ton café ; mais dis-nous au moins quelques mots sur tes voyages.

BAGUENAUDAIS.

Vous saurez donc que je viens d'un pays où l'on roule dans l'or, où l'on couche sur des pierres précieuses : on est servi par des nègres, dont les gages se paient à coups de bâton... Moi , qui vous parle, j'en ai eu à mon service.

La More BAGUENAUDAIS.

Vraiment...

BAGUÉNAUDAIS.

J'en ai eu un, mais qui en valait bien deux, et même trois. Dieu ! quel beau mulâtre que mon Atar-Gull.

La Mere BAGUENAUDAIS.

Monsieur Targu... mais je le connais, nous le connaissons toutes , n'est-ce pas ma voisine; il demeure ici avec son maître, Monsieur Tonson.

BAGUENAUDAIS.

Bah ! il est ici... Je vois ce que c'est : en venant à Paris, il se sera souvenu de votre adresse, je lui parlais si souvent de vous.

La Mere BAGUENAUDAIS.

Et tu dis qu'il t'a servi ?

BAGUENAᴜDAIS.

Oui, je devais l'acheter ; il était convenu qu'il ferait mes courses, et je me tunis à faire ses commissions. Bref, je vous dirai le reste plus tard.

La Mère BAGUENAUDAIS.

C'est ça, mesdames ; à ce soir, il y aura du cidre et des marrons.

BAGUENAUDAIS, *exaspéré.*

Des marrons !... ah, maman, ne parlez pas de ça... je ne veux pas qu'il en entre un seul ici, ou je m'en va. Je les déteste, je les abhorre les scélérats, les brigands ! vous ne savez donc pas que j'ai manqué d'être étouffé par les marrons.

La Mère BAGUENAUDAIS.

Allons, il n'y en aura pas puisqu'ils te font du mal. (*aux voisines*) A ce soir. (*toutes*) A ce soir. (*Les voisines sortent.*)

SCENE IV.

BAGUENAUDAIS, La Mere BAGUENAUDAIS.

La Mère BAGUENAUDAIS,

A présent que nous sommes seuls, tu vas me parler un peu de ta petite fortune.

BAGUENAUDAIS

Ma fortune, maman, vous me voyez avec tout ce que je possède.

La Mère BAGUENAUDAIS.

Est-il de Dieu possible, tu ne t'es pas plus enrichi que ça ?

BAGUENAUDAIS

Eh ! bien non chère maman... tout le monde va aux îles pour amasser des millions... je n'ai pas voulu ressembler aux autres... je ne vous ai pas oubliée cependant, et comme je viens du pays où l'on trouve tous les trésors de la nature, j'ai ramassé quelque chose pour vous.

La Mère BAGUENAUDAIS.

Ah ! j'étais bien sûre que tu ne reviendrais pas les mains vides... voyons ce que tu as à me donner ?

BAGUENAUDAIS, *lui offrant son bâton.*

D'abord cette véritable canne à sucre... vous porterez ça chez votre épicier, et moyennant trente ou quarante sous il vous fournira un très beau quarteron de sucre... (*fouillant dans son paquet*) ensuite j'ai le plaisir de vous offrir ce petit coquillage pour mettre sur votre cheminée... ça fera pendant avec Fifi votre serin empaillé.

La Mère BAGUENAUDAIS

V'la quelque chose de beau.

BAGUENAUDAIS.

J'en avais un aussi pour Gibecienne, un coquillage... (*il montre un pucelet*) il était de choix, celui-là !... v'la deux mille lieues que je lui gard fidèlement... mais non... elle ne l'aura pas... je le conserve pour une autre.

La Mère BAGUENAUDAIS.

Tais-toi, voilà quelqu'un.

SCENE V.

[LES MÊMES, JENNY (qui entre doucement.)

JENNY.

Pardon, madame, je venais vous demander.

La Mère BAGUENAUDAIS.

Eh ! c'est la fille de M. Tomson.

BAGUENAUDAIS.

Ah ! mam'selle Jenny... vous ne me remettez pas... regardez-moi bien... je suis Baguenaudais...

JENNY.

Oh ! si fait... je te reconnais, mais par quel hasard te retrouvai-je à Paris ?

BAGUENAUDAIS.

Je suis revenu chez maman.

La voilà... ma maman... j'ai éprouvé toute sorte de désagrémens depuis not'séparation... quand monsieur votre père, qui a perdu sa fortune et la tête en même temps, s'est embarqué, grâce aux secours de monsieur Adderson, il m'a oublié là-bas... je ne lui en veux pas à ce pauvre cher homme... mais j'ai eu du mal à me placer à cause de ma couleur... Enfin je suis entré comme frotteur chez une riche colonne... la plus belle colonne du pays... et c'est ce qui m'a permis d'amasser juste de quoi faire le voyage...

JENNY.

Pauvre Baguenaudais, nos peines à nous ont été bien plus cruelles encore... Arrivés à Paris, nous comptions trouver un asile chez un ancien ami de mon père... mais quand on pensa à le chercher son adresse... impossible de la trouver... Sir Thomson ne répondait pas à nos questions, les malheurs avaient usé sa raison... et pas un éclair de mémoire ne venait à notre secours... c'est alors qu'Atar-Gull, toujours bon et courageux, suppléa par le travail à la dernière ressource qui venait de nous être enlevée... il avait foulé le sol de la France, de cette terre qui donne la liberté et délie l'esclave de ses devoirs envers son maître... Eh bien ! loin qu'il nous ait abandonnés, il semble que le malheur ait resserré les liens qui attachent à nous ce serviteur fidèle, cet ami si précieux.

La Mère BAGUENAUDAIS.

Il est de fait mam'selle que vous devez bien l'aimer.

JENNY, à part.

Oh ! oui... je l'aime... un jour peut-être je pourrai l'avouer sans rougir. (*Haut*) Mais dites-moi... il est là près de mon père.

La Mère BAGUENAUDAIS.

Oui n.am'selle , avec le médecin.

JENNY.

Alors je me retire, ma présence l'affligerait trop.

BAGUENAUDAIS.

Tiens, et pourquoi ça?

JENNY.

Je lui désobéis en venant ici... Atar-Gull par amour pour son maître ne veut pas que je paraisse chez lui, il craint qu'une émotion trop vive ne hâte le moment fatal, et moi cependant je crois que ma présence et mes soins calmeraient les souffrances de mon père... N'est-ce pas madame que la vue d'un enfant qu'on aime ne peut pas faire de mal.

La Mère BAGUENAUDAIS.

Pardieu , demandez à ce mauvais sujet là, si je n'ai pas été heureuse de le revoir , de l'embrasser... Oui, vous avez raison mam'selle , ça fera du bien à monsieur Tronson.

BAGUENAUDAIS.

En ce cas là, montons y tout de suite.

JENNY.

Non... pas lorqu'Atar-Gull sera sorti... je crains trop un seul de ses reproches... Permettez-moi d'attendre chez vous l'instant favorable et dès que nous l'aurons vu partir... j'irai embrasser mon pauvre père... ce sera du bonheur pour longtemps.

La Mère BAGUENAUDAIS.

Justement je l'entends... il est dix heures, M. Targu va retourner à son ouvrage. Entrez dans ma loge.

JENNY, *à part.*

Tu me pardonneras, Atar-Gull; tu sais combien on peut aimer son père.

BAGUENAUDAIS, *lui présentant la main.*

Permettez, mam'selle, que je vous fasse les honneurs de chez nous.

(*La mère Baguenaudais , Jenny et Baguenaudais entrent dans la loge au moment où le médecin paraît au bas de l'escalier.*)

SCENE VI.

LE MÉDECIN, puis ATAR-GULL *soutenant* THOMSON, *un peu après* BAGUENAUDAIS.

LE MÉDECIN, *précédant Atar-Gull et Thomson.*

Là, bien doucement... Je vous réponds qu'un peu d'exercice fera du bien à notre malade.

THOMSON.

Où sommes-nous... Ah! cet air... soulage ma poitrine.

LE MÉDECIN, à *Atar-Gull*.

Vous le voyez, il se sent plus à l'aise ici.

ATAR-GULL.

Il faudrait un siége .. ses jambes fléchissent.

BAGUENAUDAIS, *arrivant avec un fauteuil.*

V'là la bergère à maman.

ATAR-GULL.

Ah! c'est toi... ici?

BAGUENAUDAIS.

Oui, Quarteron... Vous êtes bien bon, je me porte bien...
Et mam'selle Jenny, comment va-t-elle?

ATAR-GULL.

Bien.

BAGUENAUDAIS, *à part.*

Est-ce adroit, ce que je dis là...

THOMSON, *assis.*

Le voilà mon beau ciel, que je ne croyais plus revoir...

ATAR-GULL.

Que dit-il?... Il se souvient... (*allant à lui*) Maître... sir
Thomson... Mais rappelez-vous donc, maître... (*Tombant à
ses pieds*) Par pitié, rappelez-vous qu'autrefois...

LE MÉDECIN.

Cessez, mon ami, cessez de vous affliger ainsi. Ce spectacle vous tue.

ATAR-GULL.

Et l'heure du travail qui m'appelle...

LE MÉDECIN.

Ayez confiance en moi... Encore quelques instans et je le
ramènerai chez lui ; ce garçon m'aidera à le reconduire.

BAGUENAUDAIS.

Pardine, je suis là... et si vous avez quelques commissions
à faire, M. Atar-Gull, ne vous gênez pas. Au fait, je n'ai
pas besoin de vous recommander ça. Vous m'avez assez fait
trimer là-bas.

ATAR-GULL.

Vous savez, M. le docteur, mon atelier est à quelques
pas... Si sa raison lui revenait, rappelez-moi, oh! rappelez-
moi sur-le-champ!

BAGUENAUDAIS·

C'est dit... J'irai tout de suite vous chercher.
(*Atar-Gull sort.*)

SCENE VII.

LES MÊMES, hors ATAR-GULL.

BAGUENAUDAIS.

Il est parti... (au *médecin*) Dites-moi, M. le médecin, est-ce que c'est vrai que la vue de mam'selle Jenny pourrait causer à ce brave homme plus de mal qu'il n'en a'a?

LE MÉDECIN.

Pourquoi me demandes-tu cela !

BAGUENAUDAIS.

C'est qu'elle est là cette pauvre jeune fille.

LE MÉDECIN.

Sa fille est là, dis-tu ?

BAGUENAUDAIS.

Dans notre loge.

LE MÉDECIN.

Il faudrait bien des précautions... mais sa présence peut amener une crise heureuse... Tu as raison... je vais essayer.

(*Il entre dans la loge.*)

BAGUENAUDAIS, *à lui-même.*

Là, j'arrive exprès pour en remontrer au médecin... Mais voyons donc un peu s'il me reconnaîtra mieux que les autres (*allant à* Thomson). M. Thomson, c'est moi... je suis votre valet-de-chambre... Baguenaudais.

THOMSON, *sortant de son assoupissement.*

Je te remercie, ami... Tu as bien fait de m'éveiller, je fesais un rêve affreux... Une jeune fille, un hideux serpent, des cris de mort... Ah ! je souffrais horriblement.

BAGUENAUDAIS, *à part.*

C'est de mam'selle Clémentine qu'il rêvait. (*Haut.*) Mais il vous reste encore une autre fille... Jenny. Vous vous rappelez bien mam'selle Jenny.

THOMSON.

Attends... Je ne sais... Ah ! malheureux père, elle aussi n'est plus.

BAGUENAUDAIS.

Là, ça revenait, et puis ça redéménage. Faut-il avoir été un homme et puis...

LE MÉDECIN *revenant vers Thomson.*

Elle n'existe plus, dites-vous, mon ami ; mais au moins la vue de son image peut adoucir votre douleur. Tenez, regardez ce portrait... N'est-ce pas... c'est bien elle... votre Jenny.

THOMSON.

Ah ! que vous me faites verser de douces larmes... Oui, oui, je crois reconnaître... La voilà... telle que je la vis pour la dernière fois.

BAGUENAUDAIS.

Allons, allons, ça ne va pas mal.

THOMSON.

Chère enfant... ton père est bien malheureux... et tu n'es pas là pour le consoler.

LE MÉDECIN.

Peut-être.

BAGUENAUDAIS.

Mais oui.

THOMSON.

Je la reverrai !.. Est-il possible !.. Oh ! non, vous abusez de ma faiblesse... vous vous jouez de mon cœur.

BAGUENAUDAIS.

Faut-il l'appeler ?

THOMSON.

Que dis-tu? Ma fille! Jenny! Oh! qu'elle vienne dans mes bras.

LE MÉDECIN, *qui a pris le bras de Thomson et paraît compter ses pulsations.*

Oui, venez, il n'y a plus de danger, vous pouvez embrasser votre père.

JENNY, *accourant.*

Ah ! mon père ! il m'est rendu.

THOMSON, *la tenant embrassée.*

Elle existe... elle existe... ce n'était donc qu'un rêve ! j'ai dormi bien long-temps !

BAGUENAUDAIS.

Suis-je arrivé à propos...

LE MÉDECIN, *à Thomson.*

Pleurez... pleurez heureux père, ces larmes-là vous rendent à la vie.

JENNY.

Oh ! prévenez Atar-Gull, prévenez-le à l'instant ; il sera si heureux !

La Mere BAGUENAUDAIS.

J'y cours, mademoiselle (*elle sort*).

THOMSON.

Mais où suis-je donc ici ?

JENNY.

Près d'un ami, et d'un enfant qui ont bien pleuré.

THOMSON.

Que m'est-il donc arrivé ?

JENNY.

Ne pense qu'à la joie de nous retrouver enfin... Mon père ! embrasse encore ta fille.

THOMSON.

Oui... encore... Ah! cette émotion brise mon cœur; le bonheur est au-dessus de mes forces.

JENNY.

Dieu! il s'évanouit!

LE MÉDECIN, *soutenant Thomson.*

Ne craignez rien, mademoiselle, cette crise était inévitable; mais elle le sauvera. (*à Baguenaudais*) Aidez-moi, mon ami, à le transporter chez lui.

(*Baguenaudais et le médecin montent les marches de l'escalier.*)

JENNY.

Je vous suis.

SCENE VIII.

LES MEMES, La Mere BAGUENAUDAIS, ATAR-GULL
accourant.

ATAR-GULL.

Le maître! le maître! où est-il?

JENNY.

Rassure-toi, le docteur répond de lui; ce n'est qu'un évanouissement.

ATAR-GULL, *stupéfait à l'aspect de Jenny.*

Toi, ici, maîtresse!

JENNY.

Atar-Gull... mon ami, il m'a reconnue.

ATAR-GULL, *avec effroi.*

Il t'a reconnue... la mémoire lui revient donc? Ah! Job! voilà l'instant, et le courage m'abandonne.

(*Il tombe accablé.*)

JENNY.

Mais, mon ami, ce retour à la raison, ne l'appelais-tu pas de tous tes vœux?

ATAR-GULL, *se levant.*

Tu me rappelles à moi... fuis jeune fille; et toi, maître, ne meurs pas, ne meurs pas! attends-moi!

(*Il s'élance sur l'escalier.*)

FIN DU CINQUIÈME TABLEAU.

SIXIÈME TABLEAU.

(Quand le rideau de manœuvre se lève, il fait nuit. Le théâtre représente une petite chambre du logement de Thomson ; à gauche, une porte conduisant dans sa chambre à coucher ; au fond, la porte conduisant au-dehors.)

SCENE IX.

ATAR-GULL, JENNY.

(Jenny est assise sur un fauteuil, et Atar-Gull sort de la chambre de Thomson, tenant à la main une tasse de porcelaine qu'il dépose sur un meuble.)

JENNY.

Eh bien...

ATAR-GULL.

Il a r'ouvert les yeux, mais il ne reconnaît personne.

JENNY.

Douze heures sans connaissance, douze heures ; je suis restée à genoux près de lui, réchauffant ses mains dans les miennes, interrogeant son souffle et comptant les battemens de son cœur.

ATAR-GULL.

Ta vue l'a tué.

JENNY.

O mon Dieu ! mais tu te trompes, Atar-Gull ; songe-donc qu'en me voyant la joie a brillé sur tous ses traits, il m'a couverte de baisers et de douces larmes. Oh ! il était heureux le vieillard, il bénissait le ciel qui lui rendait son enfant. Tu veux que je parte, Atar-Gull ; mais s'il m'appelait, veux-tu donc que ce soit en vain, veux-tu donc qu'il accuse sa Jenny de l'avoir abandonné. Oh ! non, je ne quitterai plus cette maison ; ma place est aussi près de mon père. Je suis jalouse des soins que toi seul tu veux donner. Je t'afflige, mais j'y suis résolue ; nous le veillerons ensemble.

ATAR-GULL.

Maîtresse, cela est au-dessus de tes forces.

JENNY.

C'est un devoir, et tu sens s'il est doux à remplir..... tu sais, toi, tout ce qu'un père a e droits à notre amour. Oh ! laisse-moi prodiguer au mien ces tendres soins, ces caresses qui adouciront ses souffrances ; hélas ! c'est tout ce que je peux. Sans toi, bon Atar-Gull, qu'aurais-je fait, bon Dieu ! que serais-je devenue. Sans amis, sans parens, sans ressource, perdue dans cette ville immense, je n'aurais pu qu'implorer la charité publique pour mon père expirant de douleur et de

besoin. Oh! Atar-Gull, sois béni mille fois! toi mon seul
appui, mon génie protecteur, mon frère.

ATAR-GULL.

Bonne maîtresse! moi aussi j'accomplis un devoir (à part)
un devoir bien cruel. (haut) Pauvre fille! si pure et si bonne,
après le vieillard il te restera Atar-Gull. Atar-Gull dévoué à
toi jusqu'au dernier soupir : c'est avec joie que jour et nuit
il travaillera pour sa jeune maîtresse. Il n'a pas oublié que
tu as eu pitié de lui; et dans le cœur d'Atar-Gull, comme
la haine, la reconnaissance est éternelle.

On frappe doucement à la porte du fond.

JENNY.

Qui vient?

ATAR-GULL.

Le docteur sans doute.

SCENE X.

LES MÊMES, BAGUENAUDAIS.

BAGUENAUDAIS.

Non, c'est moi.

ATAR-GULL.

Que viens-tu faire ici?

BAGUENAUDAIS.

D'abord, savoir des nouvelles, il va toujours tout de
même, le pauvre homme; enfin ce n'était pas que pour lui
que je venais; maman, qu'est une bonne femme tout au fond,
a pensé à une chose, cette chose, c'est un lit, oui, elle
s'est rappelée qu'Atar-Gull passait toutes les nuits sur ce
fauteuil et qu'il n'y aurait jamais place pour deux, en
conséquence, elle vous envoie la clef de cette porte de com-
munication qui donne dans une chambre où tout est préparé
pour que vous y reposiez tranquillement.

JENNY.

Non, je ne veux pas.

BAGUENAUDAIS.

Mademoiselle, vous n'êtes pas raisonnable, si Monsieur
votre père avait besoin de vous, Atar-Gull vous préviendrait
tout de suite, et en deux temps vous serez auprès de lui.

ATAR-GULL.

Sans doute, maîtresse, ne céderas-tu pas à mes prières.

JENNY.

Atar-Gull, me promets-tu de m'avertir au moindre
danger?

ATAR-GULL.

Je te le promets.

JENNY.

Eh bien, pour quelques heures je vais profiter de l'offre obligeante que tu me fais, mon ami ; mais aux premiers rayons du jour, je viendrai prendre ta place Atar-Gull ; car je veux que toi aussi tu prennes du repos. (*allant à la porte de Thomson.*) Toujours la même immobilité dans les traits. O mon Dieu ! n'auras-tu pas pitié de nous ? bon soir Atar-Gull, à demain, mon ami.

BAGUENAUDAIS, *ouvre la porte de la chambre voisine, Jenny entre dans la chambre à droite, Baguenaudais sort par le fond.*

Bonne nuit, mademoiselle.

SCENE XI.

ATAR-GULL, *regardant sortir Jenny.*

Ange de candeur et de bonté ! ah ta présence ici me pesait, tes larmes me faisaient mal ; un sommeil doux et paisible comme ton âme va fermer tes paupières, pour toi, du moins, il y a du repos. Il n'y en a plus pour Atar-Gull ! n'ai-je pas entendu la voix du maître ? Non, il est toujours là, dans son fauteuil, immobile et muet : d'où vient qu'à sa vue je ne sens plus bouillonner mon sang ?... d'où vient que l'aspect de ce visage pâle, amaigri par la douleur, me peine et m'oppresse ? On dirait que le remords a remplacé le désir de la vengeance... la vengeance ! c'était pour l'accomplir cependant que j'étais venu dans un autre monde, et qu'à mon ciel d'azur et de feu j'avais préféré ce ciel pâle et froid. J'ai suivi le vieillard, et pour que personne ne pût se placer entre nous deux, j'ai soustrait, caché à tous les yeux le nom, l'adresse de cet ami, qui me l'eût enlevé sans doute. Il fallait que Thomson fût inconnu, fût isolé de tous, pour qu'il fût bien à moi. J'attendais un éclair de raison, il y a un an je l'eusse acheté de ma vie ; mais aujourd'hui je tremble que le voile fatal, qui obscurcit sa pensée, ne se déchire. C'est qu'alors il faudrait tenir le serment que j'ai fait, il faudrait tout dire au vieillard. Pourquoi donc cet aveu qu'autrefois je brûlais de lui faire... pourquoi m'épouvante-t-il ? la pitié peut-être. Oh ! non, ne t'abuses pas Atar-Gull ; Job, qui lit dans ton cœur, a dû te maudire. De l'amour pour la fille de son meurtrier ! toi... un amour sans espoir, un amour qu'on ne doit même jamais soupçonner. Oh ! pardonne-le moi, vieux Job ; tu sais tout ce qu'il m'a fait souffrir, tu sais aussi qu'entre cet amour et son devoir Atar-Gull ne balancerait pas, dût-il mourir. Et toi, Dieu des chrétiens, tu dois être bon ; car tu es le Dieu de Jenny. Oh ! entends ma prière, n'arrache jamais le voile qui couvre les yeux du vieillard, ne lui rends pas sa raison, car elle me rendrait ma haine...

Du bruit! cette fois c'est bien la voix du maître; oui, c'est lui! il a donc retrouvé ses forces! il vient à moi. Oh! mon Dieu! est-ce donc l'heure?

SCENE XII.

ATAR-GULL THOMSON.

Thomson paraît à la porte de sa chambre, il marche avec peine; Atar-Gull court à lui, le soutient et le conduit au fauteuil.

ATAR-GULL.

Maître vos genoux chancellent, appuyez-vous sur moi.

Thomson, sans rien dire, prend son bras et va s'asseoir; Atar-Gull approche un tabouret et le place aux pieds de Thomson, qu'il regarde avec inquiétude. Thomson reste un moment assis sans proférer une parole, et regarde aussi Atar-Gull avec une grande attention.

ATAR-GULL, à part.

Comme il me regarde... Maître, maître, me reconnaîtriez-vous?

THOMSON.

Oui, c'est bien aussi sa voix. Oh! qui es-tu donc, toi qui me rappelles le plus brave et le plus fidèle serviteur?

ATAR-GULL.

Quoi! maître, vous vous souvenez d'Atar-Gull!

THOMSON.

Attends, attends... Ma tête est encore si faible. Atar-Gull regarde, regarde-moi... Atar-Gull, ne l'ai-je donc pas perdu? Oh! ce n'est plus un songe... mon ami, c'est bien toi que je vois, que j'entends, que j'embrasse.

ATAR-GULL.

Malheur! malheur! la mémoire lui revient!

THOMSON.

Mais dis donc, dis-moi vite: Jenny, ma fille, c'était bien elle aussi dont je sentais les douces caresses... C'étaient bien ses larmes qui mouillaient mon front et mes cheveux blancs. Oh! mon ami, où est-elle? amène-moi mon enfant... hâte-toi! ne laisse pas à ma raison le temps de m'abandonner encore. Car je le devine, j'étais fou, n'est-ce pas? ma tête était perdue, et j'ai méconnu ma fille, et toi-même... Oh! mais maintenant, je te reconnais, je te bénis, mon Atar-Gull, Laisse-moi reconnaître et bénir mon enfant, ma Jenny... la voir l'embrasser encore; ce sera du bonheur pour jusqu'à mon dernier soupir. Où est-elle?

ATAR-GULL, vivement.

Là, maître... vous allez la voir. (*Puis se reprenant, à part.*) Atar-Gull, que fais-tu? Et ton serment!

THOMSON.

Là, dis-tu ?

ATAR-GULL.

Oui... Oh! mais avant... maître... maître, il faut m'entendre.

THOMSON.

Ma fille! si près de moi... Oh! elle, elle avant tout. Jenny...

ATAR-GULL.

Ne l'appelle pas, oh! ne l'appelle pas... Veux-tu qu'elle soit témoin...

THOMSON.

Je veux l'embrasser avant de mourir. Jenny!..

SCENE XIII.

ATAR-GULL, THOMSON, JENNY.

JENNY.

Mon père, me voilà, oh! me voilà...

THOMSON.

Chère enfant!

JENNY.

Deux fois en un jour, vous m'avez reconnue, embrassée. Ah! je suis bien heureuse. Oh! mon père, ne méconnaissez plus votre enfant.

THOMSON, *dans le fauteuil, embrassant Jenny.*

Il est donc vrai, j'ai pu rester froid, insensible à tes caresses; ta voix a pu frapper mon oreille sans arriver jusqu'à mon cœur. Et depuis quand, pauvre enfant, souffres-tu de cet affreux spectacle ?

JENNY.

Depuis notre départ de la Jamaïque; depuis un an.

THOMSON.

Un an, et quel guide, quel appui t'est-il donc resté? qui a soutenu la faiblesse de la jeune fille? qui a pris pitié de la démence du vieillard ?

JENNY..

Atar-Gull. Oh! sans lui, là misère.. Mais le travail de ses jours, de ses nuits l'a éloignée de vous, mon père, et de votre pauvre Jenny, qui n'avait pour vous que des prières et des larmes. Mais approche donc, Atar-Gull; ce moment de bonheur est ta récompense.

ATARGULL, *à part.*

Ah! grâce, mon père! mais devant elle je n'en aurai jamais la force.

THOMSON.

La joie aussi a son délire, pauvre Atar-Gull... Un mo-

ment, je t'avais oublié ; approche, bon serviteur, ami fidèle,
oh ! laisse-moi presser ta main. Dans un instant peut-être,
cette lueur de raison, que Dieu m'envoie, va s'éteindre
encore.

JENNY.

Oh non ! non, mon père !

THOMSON.

Je remercie le ciel qui du moins me laisse le temps de recommander ma fille au seul ami que le malheur m'ait laissé.
Atar-Gull, ma fille va rester seule sous un ciel étranger, sois
pour elle la patrie qu'elle a perdue, le père qu'elle va pleurer peut-être...

ATAR-GULL.

Oui, Maître, je te le jure, pour Jenny, tous les jours que
le ciel garde à Atar-Gull.

THOMSON.

Et ne posséder plus rien pour reconnaître un pareil dévouement.

JENNY, *baisant la main de son père.*

Mon père !

ATAR-GULL, *à part.*

Ah ! ce n'est qu'une dette que je paye... Je leur ai fait tant
de mal.

THOMSON, *qui regarde sa fille.*

Jenny, tu pourrais m'aider à m'acquitter.

JENNY.

Moi !

THOMSON.

Atar-Gull ! il me reste un bien, le plus précieux de tous ;
à quel autre qu'à toi puis-je le léguer ? Oui, il est une récompense que le vieillard peut encore te donner. Jenny, tu
m'as compris ; ta main. Atar-Gull, cette récompense, la
voilà.

ATAR-GULL.

La main de ta fille !

THOMSON.

Je la donne au plus fidèle, au plus généreux des hommes.
Jenny, tu m'approuves, car tu m'embrasses.

JENNY.

Oui, mon père. Un dévouement comme celui d'Atar-Gull
ne pouvait se payer qu'avec de la reconnaissance et de l'a-
mour...

ATAR-GULL.

De l'amour ! pour Atar-Gull !

JENNY.

Oui, pour Atar-Gull, qui me sauva la vie et m'a conservé
mon père.

ATAR-GULL.

Tais-toi, tais-toi, jeune fille, tu blasphèmes. Oh! mais si ton Dieu t'entend, il va te maudire.

THOMSON.

Que dis-tu?

JENNY.

Je ne te comprends pas.

ATAR-GULL.

Oh! Job, c'est toi, toi qui as voulu que par cet aveu, je fusse contraint de faire, au vieillard et à la jeune fille, l'horrible révélation; eh bien, sois content, je la ferai... mais écoute maître, garde encore de la force pour jeter l'anathême; Jenny, prépare ton cœur à la haine, au mépris.

JENNY.

De la haine, du mépris, pour qui donc? Atar-Gull, d'où vient cette expression de désespoir qui se peint sur tous les traits?

THOMSON.

Pourquoi me regardes-tu ainsi? que veux-tu?

ATAR-GULL.

Achever l'œuvre, et puis mourir.

JENNY.

Mais ta tête s'égare!

ATAR-GULL.

Écoutez, écoutez tout deux: Thomson, ta mémoire est incertaine, il faut que je l'éclaire... te souviens-tu de l'habitation de Saint-Yago?

JENNY.

Oh, tais-toi.

ATAR-GULL.

Tu étais riche, très-riche.

JENNY, *l'embrassant.*

Il lui reste une fille.

ATAR-GULL.

Il en avait deux... Clémentine.

THOMSON.

Ah! quelle blessure tu r'ouvres...

ATAR-GULL.

Ta fortune, ta Clémentine... tu as perdu tout cela.

THOMSON.

Oui! un génie de malheur a plané sur moi, il a tout détruit, tout empoisonné.

JENNY.

Atar-Gull, pourquoi pleures-tu?

ATAR-GULL.

Ah! si tu pouvais ne pas m'entendre... mais c'était écrit là haut. Maître, ce génie de malheur, c'était moi!

THOMSON.

Toi!

JENNY.

Oh! tu es en délire! je ne veux pas te croire, Atar-Gull, je ne te crois pas.

ATAR-GULL.

Attends encore... Maître, te souvient-il d'un pauvre esclave, de Job?

THOMSON.

C'est un souvenir de sang que tu me rappelles.

ATAR-GULL.

C'est un crime! car ce vieillard que tu as fait supplicier du supplice des infâmes, ne te demandait qu'un peu de maïs et du soleil pour vivre quelques jours encore. Eh bien, ce pauvre esclave, c'était mon père!

THOMSON.

Ton père!

ATAR-GULL.

Me crois-tu, maintenant?

JENNY.

Oh! Atar-Gull, ne me dis pas que je dois te haïr, mon cœur ne le pourrait pas. Atar-Gull! reviens à toi.

ATAR-GULL.

Malédiction toute entière sur Atar-Gull!... car il a tout fait... Maintenant, vieillard, me donneras-tu ton unique enfant?... Maintenant, jeune fille, me donneras-tu ton amour?...

THOMSON.

O mon Dieu! pourquoi m'as-tu rendu la raison!

ATAR-GULL.

Maître, quand je voyais s'éteindre ta vie et tes douleurs, il me restait l'espoir de réparer tant de maux; je voulais à force de travail et de dévouement, que ta fille me dût au moins quelques jours heureux et tranquilles; maintenant que tu lui es rendu, maintenant qu'il m'a fallu tout avouer, tiens, prends ce papier que j'avais caché à Jenny, c'est le nom, l'adresse de cet ami, qui vous garde un asile, un peu de bonheur vous y attend encore, allez y maudire Atar-Gull, qui n'a plus rien à faire dans ce monde et qui va retrouver Job. (*Il se frappe.*)

THOMSON.

Le malheureux!

JENNY.

Atar-Gull! (*Elle veut courir à lui et s'arrête.*)

ATAR-GULL.

Ah! prie pour moi, Jenny, j'ai bien souffert... je t'aimais. (*Il tombe et meurt, Jenny se cache dans le sein de son père.*)

La porte du fond s'ouvre, Baguenaudais et le Médecin paraissent.

FIN.